図説 日本の城と城下町 ⑧

松江城

西島太郎・監修

創元社

目次

Part 2 松江の城下町を歩く

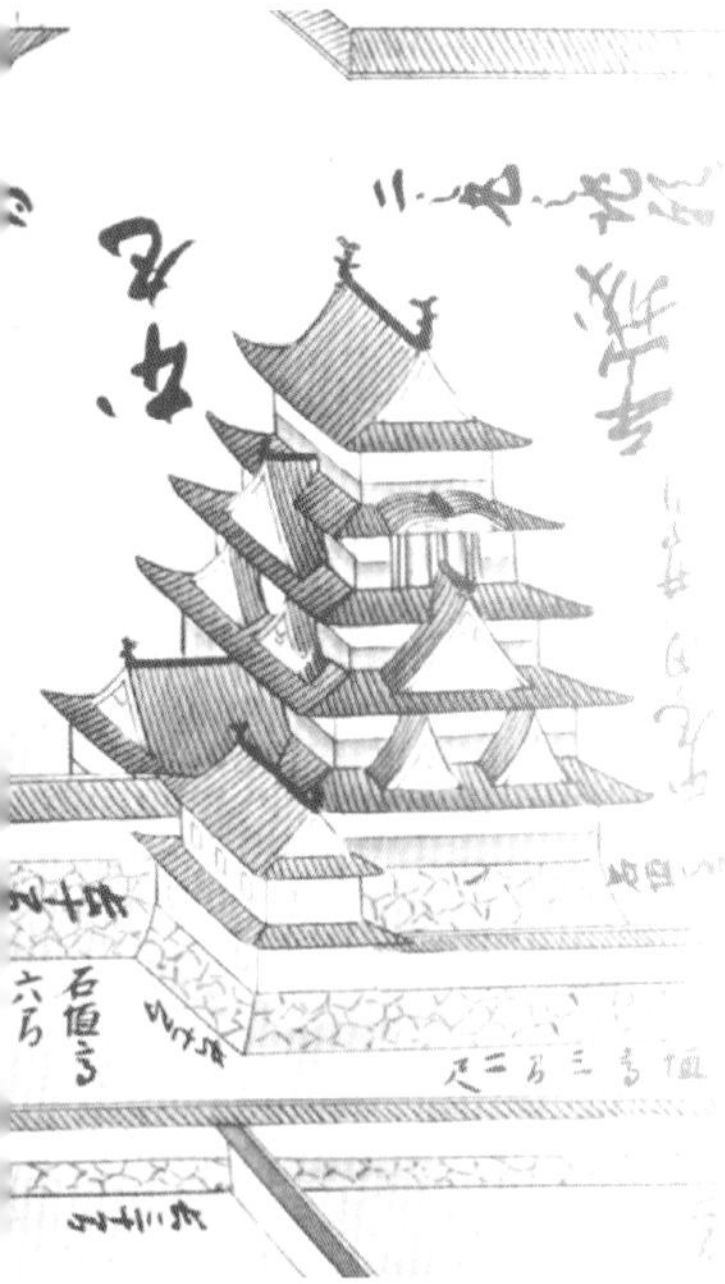

Part 3

雲州松江の文化探訪

凡例

・年号……和暦（元号）と西暦を併記したが、改元の年は原則として改元後の元号を記し、改元前の出来事については改元前と後の元号を併記した。南北朝時代は南朝と北朝の元号を併記した。

・漢字……漢字は原則として新字体を採用した（一部の固有名詞は、例外的に旧字体や異体字を採用した）。

・写真・図版出典……原則として写真・図版のそばに出典を記載した。編集部で撮影した写真や作図、所蔵図版と、著作権保護期間の満了し所蔵者が特定できない写真・図版は、出典記載を省略した。このほかＰＩＸＴＡ、フォトライブラリーからの提供写真がある。３Ｄ地形図は『カシミール３Ｄ』を使用して作成した。

・カバー・帯に掲載の図は『堀尾期松江城下町絵図』（島根大学附属図書館蔵）、『出雲国松江城絵図』（国立公文書館蔵）。

・記載内容・データは、原則として２０２３年９月現在とした。

SHIROZEMEでは、大手門跡に門を再現し、門破りの体験ができた。(DLE提供)

体験できるイベントを開催されていましたね。

FROGMAN　松江市の人と何か町おこしイベントができないかと話していたときに、市役所の人が、幼少期に松江城で侍ごっこをしていたというのを聞いて思いついたイベントです。城を攻めるとなると、当然その城をどうやって攻めるか、どんな防御施設があるか研究するじゃないですか。そうすることで、全国の人、海外の人に松江城を学んでもらう、好きになってもらうきっかけになると思いました。

ただこのイベントは、門や櫓などの城設備が当時と全然違ったり、城が大きすぎたりすると実現できません。そういった意味で、朝に行けば昼に見終わるくらいの規模で、当時の姿がよく残る松江城は、すごく手頃な城なのです。

——松江城の好きなところ、気になるところについて教えてください。

FROGMAN　大坂城に豊臣秀頼がいて、いつ戦いが起こってもおかしくない時期に、松江城を建てた堀尾吉晴は徹底的に抵抗して、とにかく敵を「撃退する」ことを考えていたように思います。天守の井戸は、万が一のときは天守に籠城してでも戦うつもりだったんでしょう。吉晴は水の確保に異常な執着心をもっていたらしく、松江城に20以上の井戸を掘ったとされています。

また、馬溜に建てられた約13メートルの巨大石垣は、私たちからすると巨大建築という感覚はありませんが、当時の人からすれば、これだけの石垣がそびえていればかなりの威圧感でしょう。馬溜から本丸への道や城の各所にある防御設備など、城をよく見ると、随所に吉晴の執念みたいなものが隠れていてとてもおもしろい城だなと思います。

松江藩中興の祖・不昧公が松江に根づかせた文化

——今も松江に残る文化で、特徴的なものはなんでしょうか。

FROGMAN　やっぱり和菓子とお茶の文化ですよね。松平治郷（不昧）が広めた、「不昧流」という格式張らないお茶の文化が根づいています。一般家庭に1つはお茶のセットがあり、茶事にはかならず茶菓子がつくので、それに合わせて茶菓子も発達しました。

以前、映画のロケで島根に行って、農家で撮影の交渉をした際、お茶をいただきましたが、急須から注いだお茶ではなく、点茶が出てきました。一般家庭に茶筅（ちゃせん）やお茶碗などの茶道具がそろっているんです。「そこまで日常生活になじんでいるのか」と驚きましたね。

――松江の文化を語るうえで治郷（不昧）は欠かせない人物ですが、どのような印象をおもちですか。

FROGMAN　治郷はとても頭が切れる人だったようで、藩政改革を行って財政を健全化しました。ただ、あの時代は切れ者だと幕府に因縁をつけられる可能性があったため、頭

『秘密結社 鷹の爪 THE MOVIE ～総統は二度死ぬ～』

FROGMAN監督・脚本、蛙男商会

世界初となる全編Flash制作の映画。作品内にどれくらい予算が残っているかを示すシステム「バジェットゲージ」など、独自の演出が人気を博す。同作はニューヨーク国際インディペンデント映画祭でアニメーション部門の最優秀作品賞と国際アニメーション最優秀監督賞の2冠に輝いた。

が悪いふりをしなきゃならないところがあったらしいんです。そのため、蕎麦屋の格好をしてみたり、十六島（うっぷるい）海苔（のり）でつくった裃（かみしも）を身に着けたりしたという話が後世では語られています。史実かどうかはわかりませんが、一見すると「変な人」と思われる振る舞いを、わざとしていたのかもしれません。

ほかにも、お金がたまってしまったら高級な茶器を購入し、わざと散財していたようです。「松江藩中興の祖」とも呼ばれていた治郷ですが、「散財をする人」という評価もあるようです。しかし当時は、そうしないと幕府から命を狙われかねないという危険もあったとされ、変な人に見える振る舞いや散財も、すべて計算されてのことだと思うと、できた経営者なんだなという印象です。

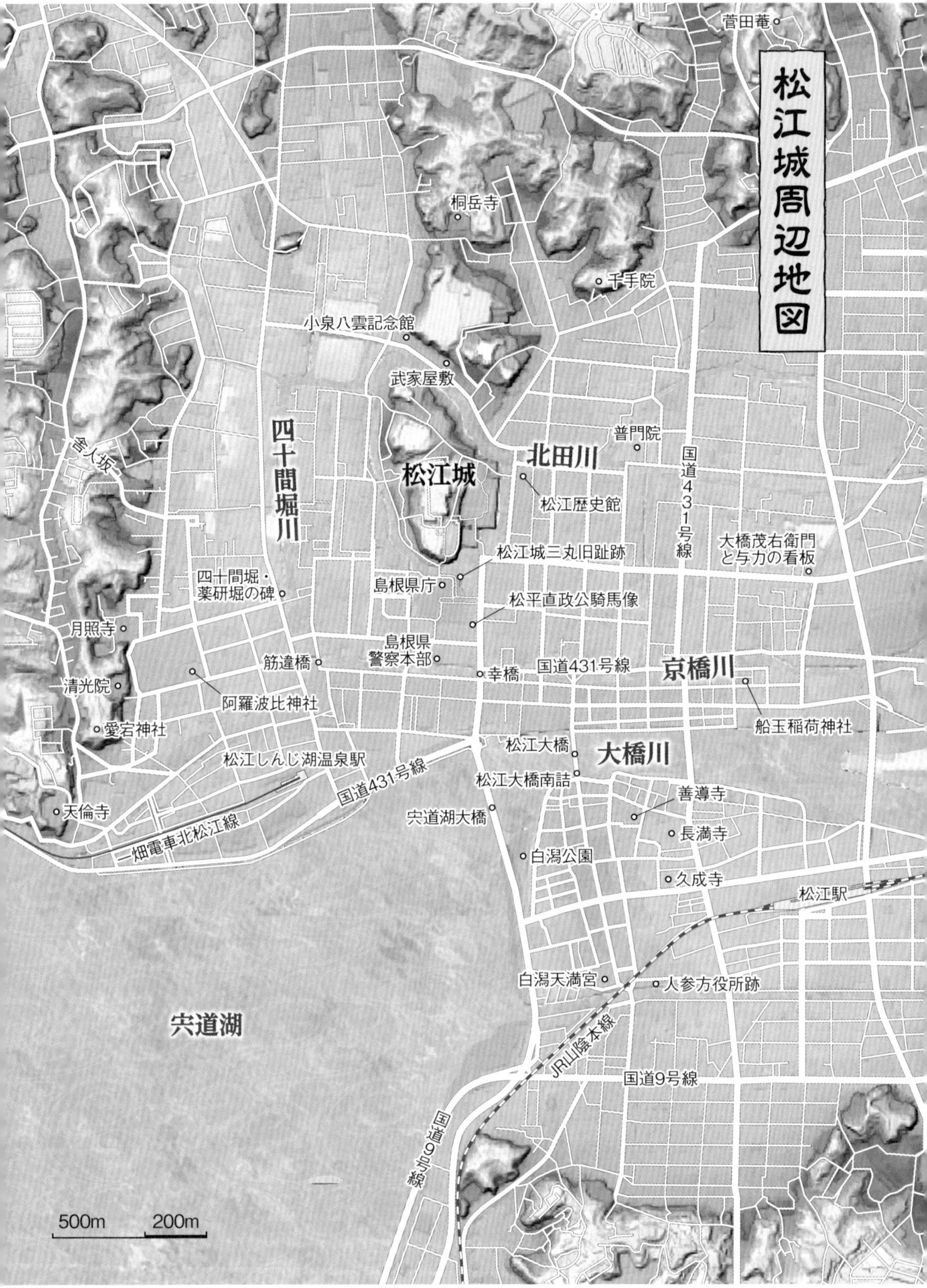

松江城周辺地図
菅田菴
桐岳寺
千手院
小泉八雲記念館
武家屋敷
普門院
北田川
松江城
松江歴史館
国道431号線
四十間堀川
舎人坂
大橋茂右衛門
と与力の看板
松江城三丸旧趾跡
四十間堀・
薬研堀の碑
島根県庁
松平直政公騎馬像
月照寺
島根県
警察本部
筋違橋
幸橋
国道431号線
京橋川
清光院
阿羅波比神社
船玉稲荷神社
愛宕神社
松江大橋
大橋川
松江しんじ湖温泉駅
国道431号線
松江大橋南詰
善導寺
天倫寺
宍道湖大橋
長満寺
一畑電車北松江線
白潟公園
久成寺
松江駅
白潟天満宮
人参方役所跡
宍道湖
JR山陰本線
国道9号線
国道9号線
500m
200m

松江市広域地図
佐太神社
至出雲大社
松江城
中海
宍道湖
玉造温泉駅
出雲国府跡
出雲玉作史跡公園
玉作湯神社
熊野大社
月山富田城跡

図説

松江城ものがたり

質実剛健かつ優美な「千鳥城」

山陰地方で唯一の現存天守

松江城は宍道湖の湖岸、島根県松江市にある標高29メートルの亀田山に築かれた平山城です。附櫓のある望楼型天守は現存する12天守の1つです。兵庫県にある姫路城、滋賀県にある彦根城、愛知県にある犬山城、長野県にある松本城とともに、天守が国宝指定された5城のうちの1つとなっています。天守の構造は、外観からは4階建てに見えますが、実際の建物内は5階建てで、さらに地下1階のある四重5階地下1階となっています。屋根裏にも階があることで5階建ての

松江城天守　広さは現存12天守の中で姫路城に次いで２位、高さでは姫路城、松本城に次いで３位。

構造になりました。天守の高さは22メートル40センチで、現存12天守のなかでは、姫路城天守、松本城天守に次ぐ3番目です。7メートルの天守台と合わせると、約30メートルの高さとなります。さらに天守屋根の両端に立つ鯱鉾は、高さ2メートルもある銅張りの木製で、現存する木造の鯱鉾では最大です。

天守の外壁の多くが黒い板で覆われています。これは風雨をしのぐため、煤と柿渋でできた墨が塗られた下見板張りです。その威容は実戦を重視した質実剛健さを感じさせます。

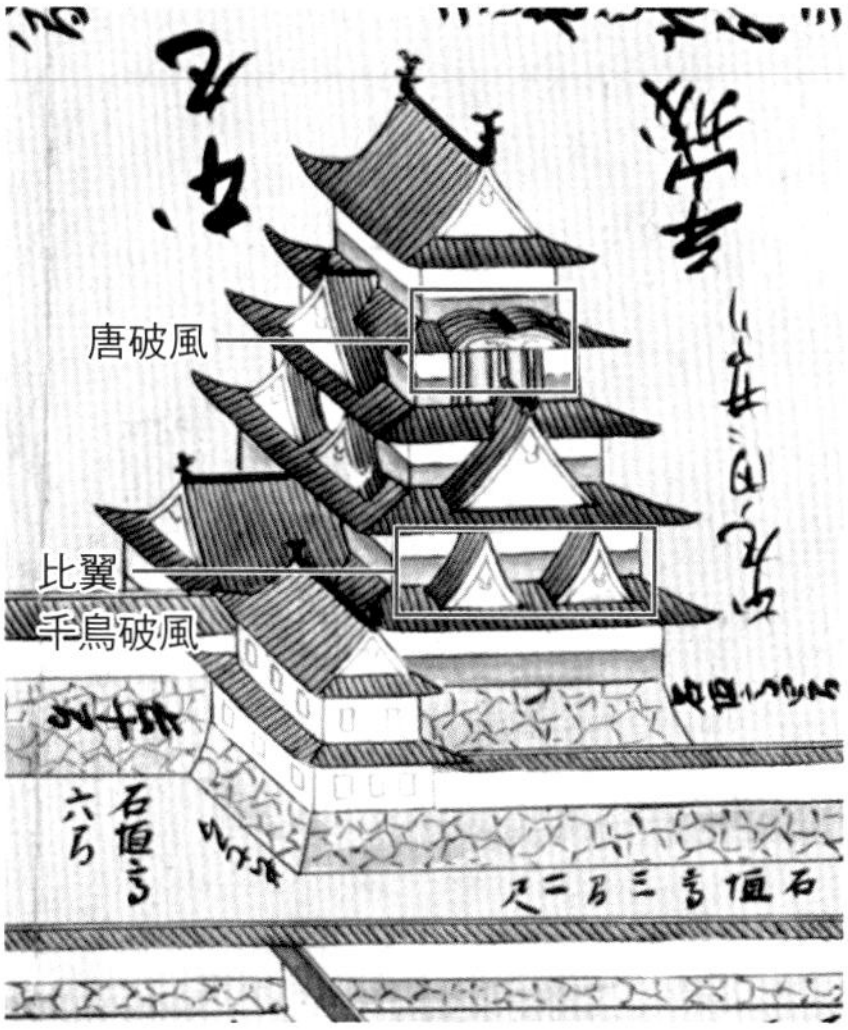

『**出雲国松江城絵図**』（部分） 1640年代の松江城天守が描かれている。今の天守にはない、比翼千鳥破風や唐破風が描かれているのがわかる。（国立公文書館蔵）

松江城には「千鳥城」という別名があります。その由縁は、屋根に千鳥が羽を広げたように見える入母屋破風が見られることから名づけられたという説や、天守の南側に位置する宍道湖に千鳥が多く生息しているから名づけられたという説など、諸説あります。さらに『出雲国松江城絵図』などの古い絵図には、松江城の屋根に比翼千鳥破風、唐破風が描かれていることから、現在よりも派手な外観をしていたと考えられており、築城時の屋根の装飾が「千鳥城」の由来になった可能性もあります。

その後、江戸時代、昭和時代の改修を経て、今の姿となりました。松江城は築城当初から一度も焼失することなく、４００年以上にわたって松江の城下町を見守ってきたのです。

末次の砂州を利用した堀尾吉晴

松江城を築城したのは、「松江開府の祖」と呼ばれている堀尾吉晴です。吉晴は織田信長に仕え、その後、豊臣秀吉の配下として各地を転戦した尾張国（現在の愛知県西部）出身の戦国武将です。

『堀尾吉晴肖像画』 織田信長、豊臣秀吉、徳川家康３人の天下人に仕えた。城普請の名人として知られる。（春光院蔵、松江歴史館提供）

秀吉の死後は徳川家康に近づき、慶長5年（1600）の関ケ原の戦いの功績により、息子の忠氏が出雲・隠岐両国24万石を拝領しました。そして、戦国大名として名を馳せた尼子氏の旧居城である富田城（島根県安来市）に入ります。松江周辺には、戦国時代に尼子氏と毛利氏による攻防戦のために築かれた城跡が100か所ほどあったといわれています。

富田城に入城した吉晴・忠氏の父子は、新たな居城を計画します。富田城は月山の山頂部にあり、「難攻不落の天空の城」と呼ばれていましたが、近世城郭や城下町を構えられない立地でした。そこで目をつけたのが、宍道湖と中海を介する港湾都市としてすでに発達していた白潟と末次の砂州です。そして、この砂州の北側にあたる湿地帯に築かれたのが松江城です。戦国時代にはこの地に末次城があったといわれており、令和4年（2022）の発掘調査によって、末次城とみられる痕跡が見つかっています。

わずか5年以内の短期間での築城

関ケ原の戦い前後から、各地で大規模な築城が始まりました。姫路城をはじめ彦根城などは、選地の段階で平野に広がる交通の要衝を選んで丘陵に城を構えています。松江城も同様に平山城が計画されました。この段階ではまだ幕府による築城規制もなく、各地の大名たちは多くが慶長7年（1602）までに築城を始めています。

ところが、松江城と城下町の造成開始は慶長12年（1607）と推定されており、各地の城と比べると少し遅いスタートでした。慶長9年（1604）に当主の忠氏が没しており、築城にあたっては父である吉晴が実質的な指揮を執ることになります。

大多数の城が築城に10年以上という長い年月を費やしているのに対し、松江城が完成したのは慶長16年（1611）の正月でした。つまり築城期間が4～5年と圧倒的に短いのも特徴です。

城が完成した同じ年、堀尾吉晴が没します。そのため、堀尾期の松江城は未整備の部分が多く残っていたともいわれ、その後は孫の堀尾忠晴が城と城下町の造成を引き継ぐことになります。ところが、忠晴は寛永10年（1633）に亡くなり、男子がいなかったことから堀尾家は断絶となります。

防衛と水運を兼ね備えた堀割が特徴の「水の都」

内堀と外堀の間に築かれた城下町

松江城の城下町は明治以降もさほど変わることがなく、当時の面影を今に伝える歴史的な町です。松江城の築城に合わせていくつかの橋も架けられ、城下町の形は整えられていきます。この城下町の縄張、町割りも堀尾家の家臣となっていた小瀬甫庵が指揮を執ったと伝えられています。小瀬甫庵は『太閤記』を記した人物で、築城の名手でした。

松江城当初の縄張については、寛永5～10年（1628～33）頃に制作された『堀尾期松江城下町絵図』が参考になります。絵図によると、亀田山を全周して堀をめぐらせ、本丸、二之丸、北之丸を中心に、周囲に腰曲輪、中曲輪、外曲輪、後曲輪、馬溜を配置する構造が見えます。城下は城郭を中心に、内堀の外に殿町、母衣町、内中原町があり、それを北田川、米子川、京橋川、四十間堀川が取り囲むことによって外堀を形成しています。

城を中心とした階層構造の配置も意識されており、城郭に近い区域は上級家臣の屋敷を配置するために、敷地を広く、正方形に近い形に整えています。そして堀の外側の東にあたる南北の田町は下級家臣の屋敷、北側の奥谷は上級家臣の別宅、西側の外中原町は下級家臣の居住区となっていました。

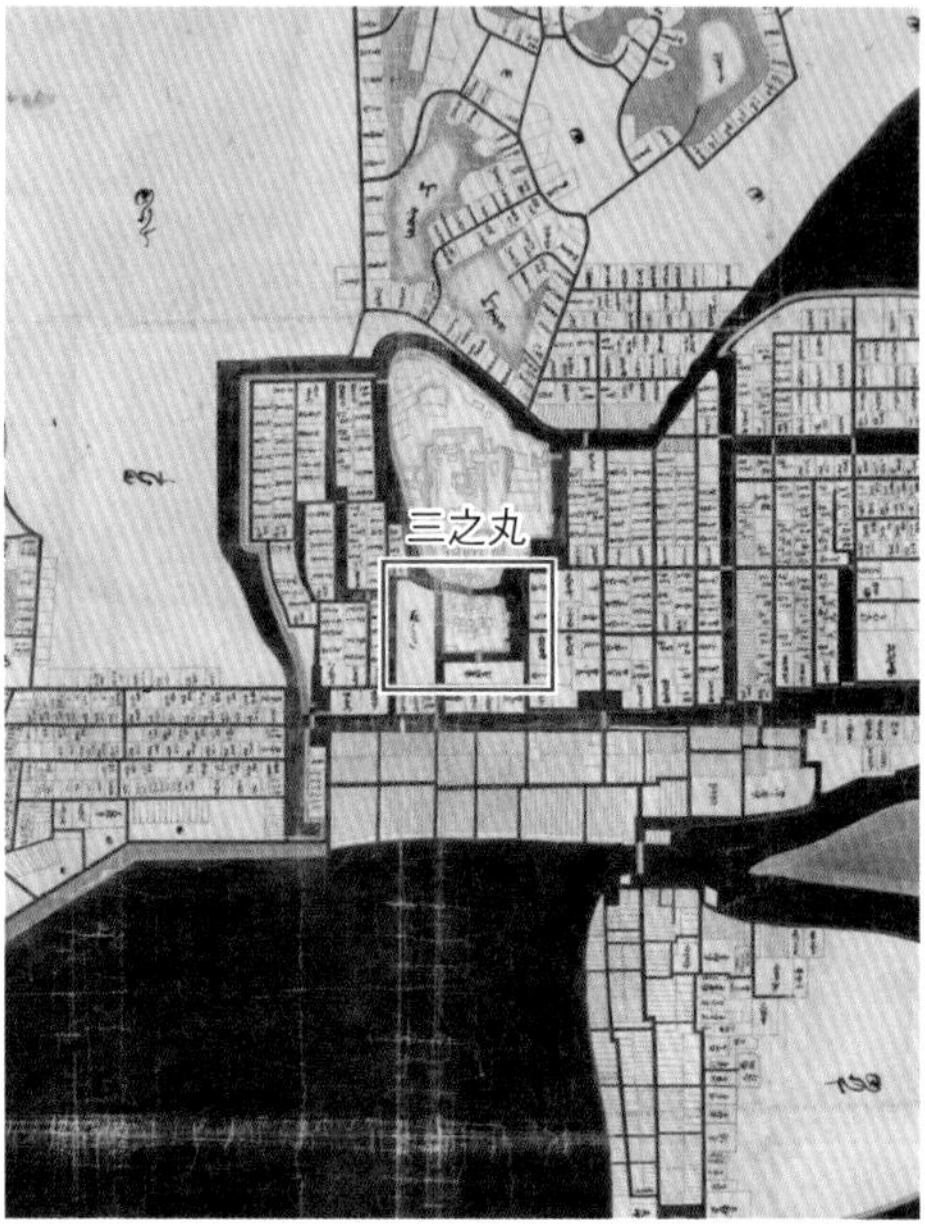

『堀尾期松江城下町絵図』（部分）　亀田山の南には水堀を隔て方形に区画された三之丸が構えられている。（島根大学附属図書館蔵）

水と戦い共存した水郷の城下

この城下町の最大の課題は、「湿地帯だった土地の水分をいかに排水するか」でした。奥出雲の水は斐伊川に集約され、浅い宍道湖に流れ込みます。築城時、宍道湖の水は松江城下を南北に二分する大橋川へ流れるしかなかったので、江戸時代を通じて城下は、2〜3年に一度は大雨によって水に浸かることになりました。

さらに城下の井戸水は金気が強く、飲み水に適していなかったので、生活用水としても使いにくいものでした。そのため、松江城下では江戸時代より、水売りから水を購入することが一般的でした。

水に悩まされた一方で、水を活用して発展したのも松江城下の特徴です。その痕跡の1つが城下を囲む堀です。松江城の堀は防衛の役目のみならず、排水の役割が大きくなっています。さらに、堀に面した武家屋敷には「船入」が設けられ、舟による人々の往来が盛んでした。宍道湖や大橋川に面した地域は商品の荷揚げを行う船着き場になっており、水運によって商業も発達しました。

一代限りだった京極忠高の城主時代

寛永11年（1634）、若狭国小浜（現在の福井県小浜市）より京極忠高が松江城に入ります。結果的に京極氏の城主期はわずか一代限り、3年半という短い期間となりますが、その後の松江藩政の礎ともいうべき功績を残しています。

まず京極忠高は乱流する斐伊川の流れを一本化する

大きな堤防をつくります。この堤防は、京極忠高が若狭守であったことから「若狭土手」と名づけられました。この若狭土手は斐伊川の決壊を防ぎ、農地拡大の利点もありました。

さらに、砂を川に流してたたら製鉄の原料となる砂鉄を採集する「鉄穴流し」を解禁します。堀尾氏の時期は城下を洪水から守るため、鉄穴流しによるたたら製鉄を禁止していました。京極氏は若狭土手によって洪水の危険性を改善し、製鉄産業を推し進めます。結果的には松江藩における殖産興業の転換点となり、その後の松江藩にとって製鉄産業は欠かせない収入源となりました。

徳川家と関係が深かった京極氏は、石見銀山の支配権も幕府から預かります。松江藩において、最大の石高をもっていたのが京極忠高の城主期でした。

また、松江城の整備にも力を入れており、三之丸を造成し、内中原の堀の一部を埋め立て、のちに城下南

『京極忠高肖像画』（清滝寺徳源院蔵、松江歴史館提供）

『寛永年間松江城家敷町之図』 京極氏藩主期の城下絵図。京橋川河口には入江があり、若狭国小浜から５艘の船を停泊させ海上防衛しようとしていた。（丸亀市立資料館蔵）

部の雑賀町となる町の造成が進んだのも京極氏の時代です。しかし、志半ばの寛永14年（１６３７）、京極忠高が死去します。嗣子がなかったため、京極家は改易されそうになりますが、それまでの功績から甥の京極高和が播磨国龍野藩主として存続を許されることになりました。

藩政改革に成功し10代続く松平松江藩

信濃国松本から松平直政が移封

松江城主として、松平松江藩10代、２３０余年の礎を築いたのが松平直政です。契機となったのは島原・天草一揆で、外様大名しかいない中国地方に、幕府は徳川家康の孫にあたる直政を送り込みました。直政は寛永15年（１６３８）に信濃国松本（現在の長野県松本市）から出雲国へ移封し、松江城主となりました。

直政は京極氏の事業を引き継ぎ、若狭土手や松江城下の雑賀町の造成、松江城の改修、増築に取り組みます。このとき、大工頭として仕えていた竹内右兵衛は、天守が傾いていることに気がつき、修理したと伝えられています。築城からわずか30年で天守は傾きだしたのです。こうして江戸時代を通じ、松江城の天守は何度か修理が行われていきました。

治郷（不昧）の藩政改革で財政がもち直す

松平松江藩政の一番の特徴は、藩財政の改革を成功させたことでしょう。その功労者は、茶の湯の世界に大きな足跡を残した松平松江藩7代・松平治郷です。隠居後は「不昧」の号を用いたため、「不昧公」の名で知られています。「不昧」という言葉は禅問答の中にある言葉で、「味わされず」という意味があります。治郷は歴代藩主のうち最も多く国元に帰った殿様でもありました。国元の現状をよく把握していたからこそ、治郷の藩政改革は成功を収めることができたのです。

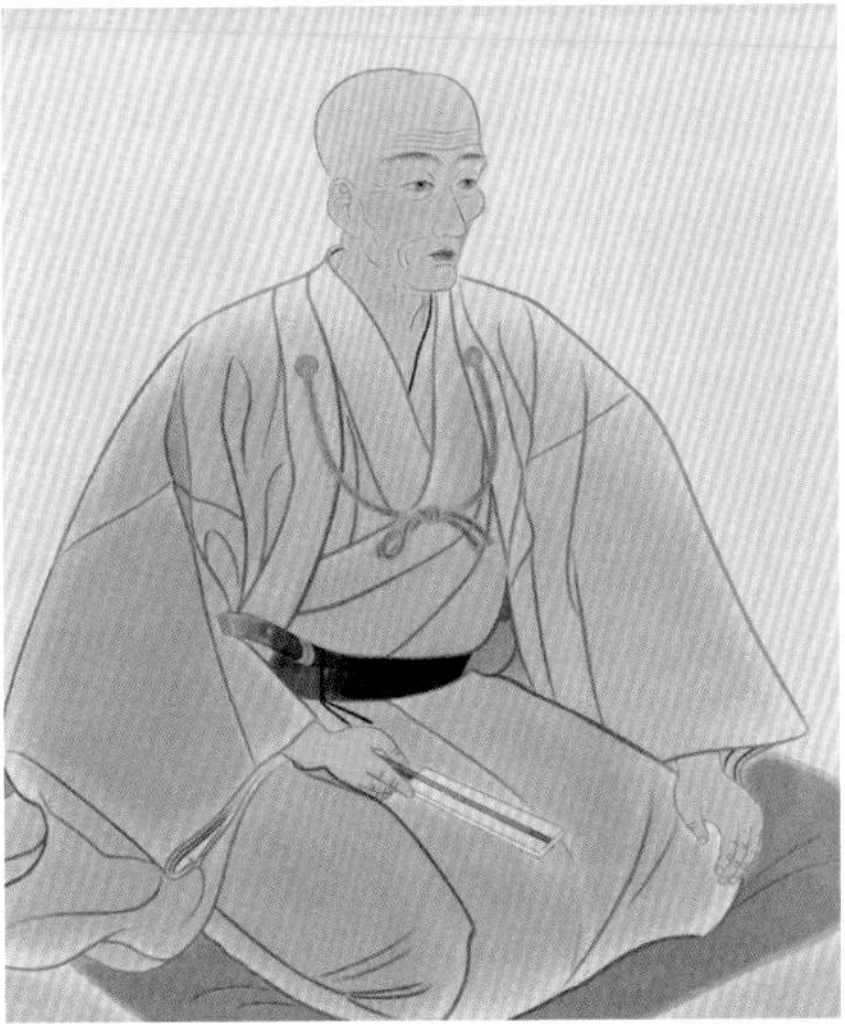

『**松平不昧肖像画**』　瀧秋方作。松平松江藩7代藩主で、藩財政の立て直しに成功した。大名茶人としても名高い。(松江歴史館蔵)

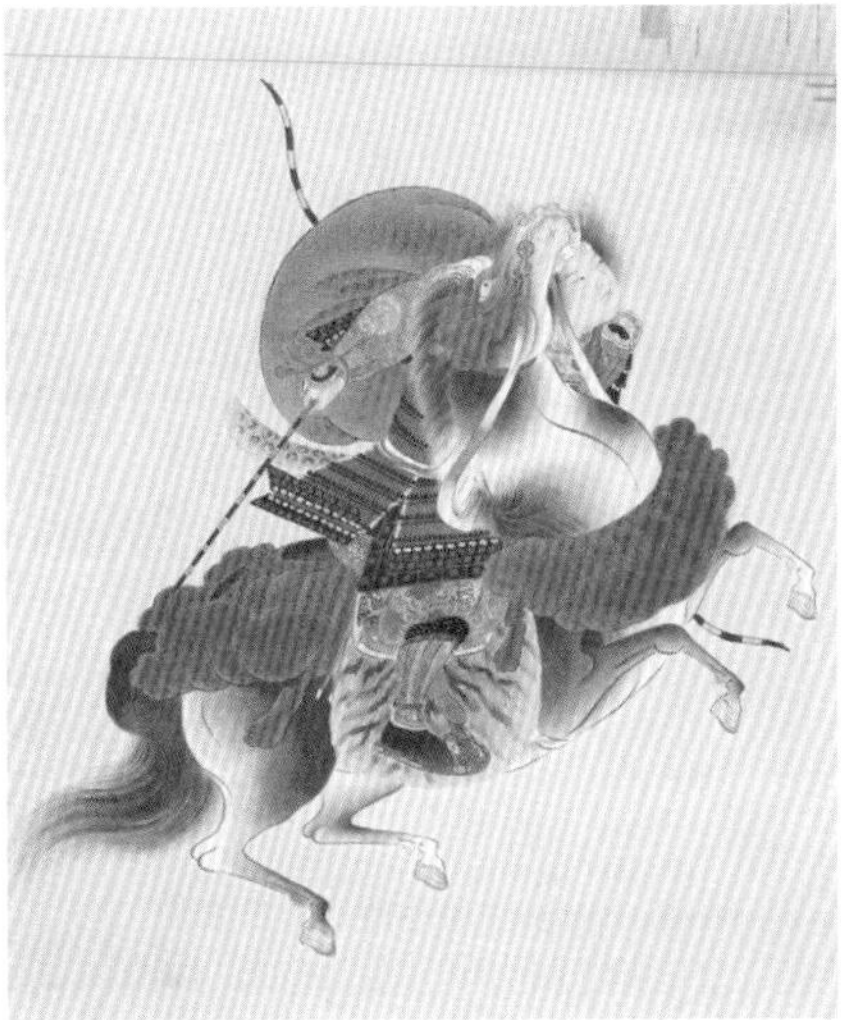

『**松平直政初陣図**』　松平松江藩初代藩主となる松平直政の初陣を描いた絵図。幕末の松江藩御用絵師の陶山勝寂の作。(松江歴史館蔵)

治郷は利子が必要になる借金をせず、江戸屋敷の経費節減や人員整理、借金返済などの政策を行います。こうした改革によって、それまで困窮していた松江藩の財政は、治郷の代で約半分の借金を返済し、もち直しました。文政3年（1820）頃に作成された、出雲国へ国益をもたらすものを番付表にした『雲陽国益鑑』には、たたら製鉄をはじめ、木綿や御種人参（薬用人参）、櫨蠟による蠟燭生産、杵築大社（出雲大社）など社寺への参詣など、国益をもたらす項目の多さがうかがえます。そして幕末には西洋軍艦2艦を他藩より早く購入するに至ります。

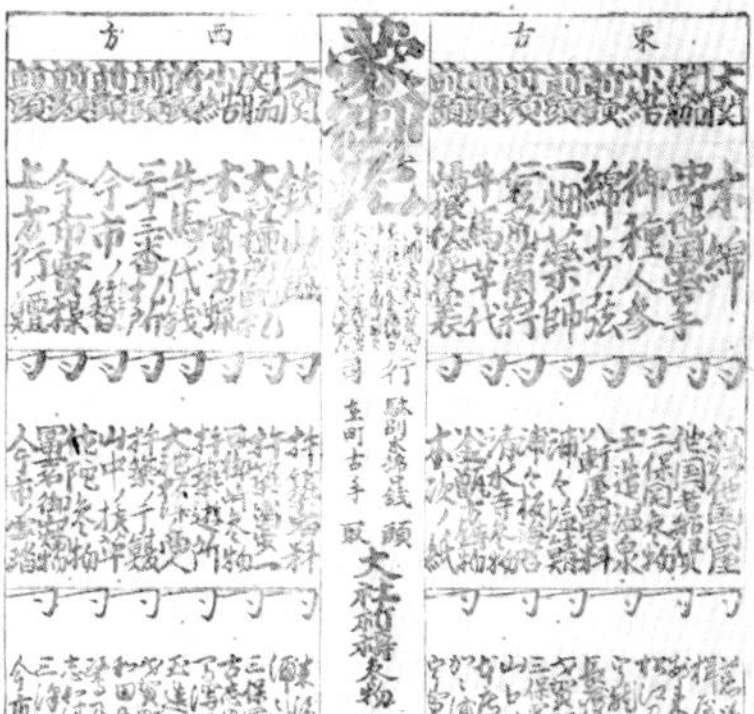

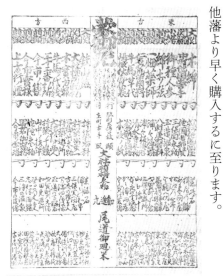

『**雲陽国益鑑**』　東西の最上位は木綿と、たたら製鉄、次いで中町の金融だった。(個人蔵、松江歴史館寄託)

祈禱札の釘穴が国宝再指定のきっかけ

明治時代には180円で売却された

幕末の松江藩は親藩であったために、討幕派の防戦に立ち、維新政権への恭順を示すのが遅れました。そのため、この地域は明治維新後の近代化から取り残されました。しかしながら、こうした不遇の時代があったからこそ、松江城下に美しい水郷が残ることになったのです。

明治2年（1869）、版籍奉還により、松江城は明治政府の陸軍省の所管となります。さらに明治4年（1871）の廃藩置県により、松江藩も廃止されます。こうして、230余年に及ぶ松平松江藩の治世は幕を下ろすことになりました。

明治6年（1873）には、「全国城郭存廃ノ処分並兵営地等撰定方（いわゆる廃城令）」の達しが明治政府から発せられ、明治8年（1875）には松江城も廃城が決まります。城内の櫓や門、御殿などは取り壊され、売り払われていくことになりました。天守も入札にかけられ、当時180円の値段で売却されることになります。しかし、地元の豪農である勝部本右衛門父子と旧藩士の高城権八らの尽力によって解体は免れました。

その後、城地は旧藩主家の松平家へ払い下げられ、昭和2年（1927）に松平家は松江市へ寄付します。そして、昭和10年（1935）の国宝保存法の施行により天守は国宝に指定されました。第二次世界大戦で全国各地の城が焼失しますが、松江城は運よく戦火を免れます。

基準変更で一時期国宝から除外

ところが、昭和25年（1950）に文化財保護法の施行によって国宝保存法が廃止されたため、松江城は国宝から「重要文化財」となります。この時点では松江城の創建年は伝聞でしかなく、保護の根拠が不十分だったためです。昭和の大修理直前の出来事でした。

これに対し島根県と松江市民は、松江城天守の国宝

明治25〜27年（1892〜94）頃の松江城天守　明治時代の松江城天守は随所に崩れが目立ち、瓦も傷んでいる。（『松江市史　別編1　松江城』より転載）

祈禱札が打ちつけられていた柱　松江城天守の地階、井戸を挟んだ両側通し柱には、現在、祈禱札のレプリカが展示されている。

化を目指す活動を展開します。そして、徹底的な学術調査も行っていきます。平成24年（2012）、長らく所在が不明だった2枚の祈禱札が、松江城と縁の深い松江神社から発見されます。この祈禱札は、松江城天守の完成時に書かれたものとされており、釘穴が松江城天守地階の柱の釘穴と一致していたことから、慶長16年（1611）に天守が完成したことが特定されました。さらに、天守2階部分の通し柱の特殊な構造が解明され、これらの学術調査や市民活動が実を結び、平成27年（2015）に国宝の再指定を果たしました。こうして松江城は、島根県外からの来訪者も絶えない国宝の近世城郭として、その名をとどろかせていくことになったのです。

松江藩が統治した出雲国

出雲十郡の中心・松江の変遷をたどる

古代神話の舞台となった出雲国は、古来、松江市域を中心に栄えてきた。西部には出雲大社（杵築大社）、東部には国府や戦国大名尼子氏の拠点があり、江戸時代には松江城が築かれた。出雲における諸勢力の推移を探る。

『出雲國古圖（出雲国古図）』狩野為信作。（島根大学附属図書館蔵）

神話の時代より栄えた出雲国 奈良時代、現在の松江市に国庁が置かれる

「出雲国」とは、古代日本の律令制によって定められた島根県東部にあたる行政区分の名称です。出雲平野には、古代出雲を知る手がかりとなる荒神谷遺跡（現在の出雲市斐川町）などがあります。大量の青銅器が出土したことから、弥生時代中期頃、この地に大きな勢力が存在していたと推測されています。その後、古墳時代の出雲国には、現在の松江市から安来市にかけての出雲東部の勢力と、現在の出雲市を中心とする出雲西部の2つの大きな勢力があったと考えられています。

このような古代出雲の勢力を大和朝廷が取り込むなかで生まれたのが、和銅5年（712）に成立した『古事記』に描かれている「出雲神話」です。出雲神話では、高天原を追われた素戔嗚尊が八岐大蛇を退治し、その子孫にあたる大国主神が出雲国を治めました。そして、大和朝廷を象徴する天照大神に出雲国をゆずる筋書きがあります。国ゆずりの際に大国主神の神

出雲平野(出雲西部)と意宇平野(出雲東部)の位置関係

殿として建てられたのが、出雲大社（杵築大社）と伝えられています。

奈良時代の天平5年（733）に成立した『出雲国風土記』は、ほぼ完全な状態の写本が残る唯一の風土記です。その冒頭部分に、島根半島をつくる国引き神話をもつ八束水臣津野命が「八雲立つ出雲」という言葉を発したことが、「出雲」のゆえんとなったと記されています。

さらにこの『出雲国風土記』には、出雲国が9郡（平安時代には10郡）から成り立っており、出雲国庁と意宇郡家、意宇軍団、黒田駅の4つの役所が同じ場所にあったという記述があります。その位置が、意宇平野にある六所神社（現在の松江市大草町）の辺りです。この国庁跡は、昭和43年（1968）から3年間にわたる調査によって明らかになっており、須恵器などの食器類、硯や木簡、メノウ原石などが出土しました。現在、出雲国庁跡として、遺構をもとに復元整備されています。

寺社勢力、朝廷や武家が群雄割拠する中世の出雲

中世以降の出雲国では、公家や寺社、武家の私的な領有地である荘園や、国司（受領）の支配下にある公領が拡大していきます。奈良時代から国府が置かれていた意宇平野は、鎌倉時代においても引き続き出雲

国の中心であり、山代郷から大草郷、竹矢郷、出雲郷に及ぶ一帯は、「出雲府中」と呼ばれました。出雲府中には国内の治安維持の役割を担う守護所や国内神社の統括を行う総社が置かれ、おおいに栄えました。

　承久3年（1221）に起こった承久の乱のあと、守護に任命された佐々木氏（塩冶氏）は出雲府中に入り、そののちに守護所を神門郡塩冶郷（出雲市）に移しました。その後、守護所は佐々木氏の没落とともに再び出雲府中に戻され、さらに月山富田城で知られる富田荘（安来市広瀬町）に移されたと推測されています。このため、出雲府中は次第に政治の中心から遠ざかっていきました。

鰐淵寺　山陰屈指の紅葉の名所で、武蔵坊弁慶が修行したと伝わる寺としても有名。

　しかし、総社や神魂神社など「意宇六社」の祭祀は、氏姓制に基づき地方を治める官職である国造家によって続けられます。一方、出雲西部では出雲大社（杵築大社）と鰐淵寺が出雲国の信仰の中心的存在として威勢を誇るようになりました。

　その後、戦国時代に入った出雲国において勢力を拡大させたのが尼子経久です。元々は京極政経に仕える守護代でしたが、鰐淵寺の運営に介入し、出雲大社の遷宮に関わった際に寺院形式を取り入れるなど、神仏習合を進めます。経久は寺社の権限を掌握することによって、その勢力を抑制したのです。

　そして、力をつけた経久は、みずからが戦国大名として出雲国を統治します。経久をはじめ、尼子氏歴代の盛衰の舞台となったのが月山にある富田城です。出雲守護の居城であり、山陰交通の要衝でもありました。

出雲国庁跡　近くには出雲国分寺跡や六所神社がある。

経久の孫にあたる晴久（はるひさ）は天文21年（１５５２）、出雲・隠岐・伯耆（ほうき）・備前（びぜん）・美作（みまさか）など山陰・山陽８か国の守護となり、尼子氏として最大の範囲を領有支配しました。しかし尼子義久（よしひさ）の代になると安芸国（あきのくに）（現在の広島県西部）の毛利元就（もうりもとなり）に侵攻され、永禄９年（１５６６）、富田城は開城して出雲国は毛利領となります。

水陸交通の玄関口、城下町として栄える松江

中世になると各荘園や公領からの物資を都へ運送するため、海上交通が主流となります。こうした社会情勢のなかで美保郷（みほごう）に海関が設けられ、戦国時代には出雲国守護の直轄地となり、港として発達する基盤となりました。また、松江の白潟（しらかた）には町場が成立します。

もともと白潟の北には、京都の東福寺の所領である末次荘（すえつぐ）がありました。荘内では、尼子氏と毛利氏が合戦を繰り広げた時代にあったという末次城の遺構も発見されています。砂州上に発達した末次と白潟の湊町の間に橋が架けられ、陸上交通も発達します。

慶長５年（１６００）、関ケ原の戦いで武勲を立てた堀尾忠氏（ほりおただうじ）は、出雲・隠岐両国24万石を拝領し、父親の堀尾吉晴とともに、富田城に入ります。しかし、すべての家臣が城下に住むには手狭だったため、城下町が広く確保でき、水運にも便利な松江の地に移城することにしました。城下町として発展した松江は、水陸の交通の要衝として、政治・経済的にも出雲国の中心機能を維持していくことになりました。

全国的には明治時代初めの神仏分離令により神仏が分離されますが、出雲国内の出雲大社をはじめとする出雲大社系神社では、江戸初期に神仏分離がなされています。これにより、尼子氏が建てた三重塔など、出雲大社境内の仏教建築は排除されました。

美保神社と仏谷寺を結ぶ青石畳通り　北前船の積荷の運搬を効率的にするため、江戸時代から大正時代にかけて整備された。

Part 1 松江城を歩く

国宝の天守と桜

松江城地図

巨大な石垣がそびえる馬溜、大手門跡を抜けると、本丸へと続く登城道が延びている。復元された3つの櫓が建つ二之丸や近世城郭を代表する国宝天守などをめぐる。

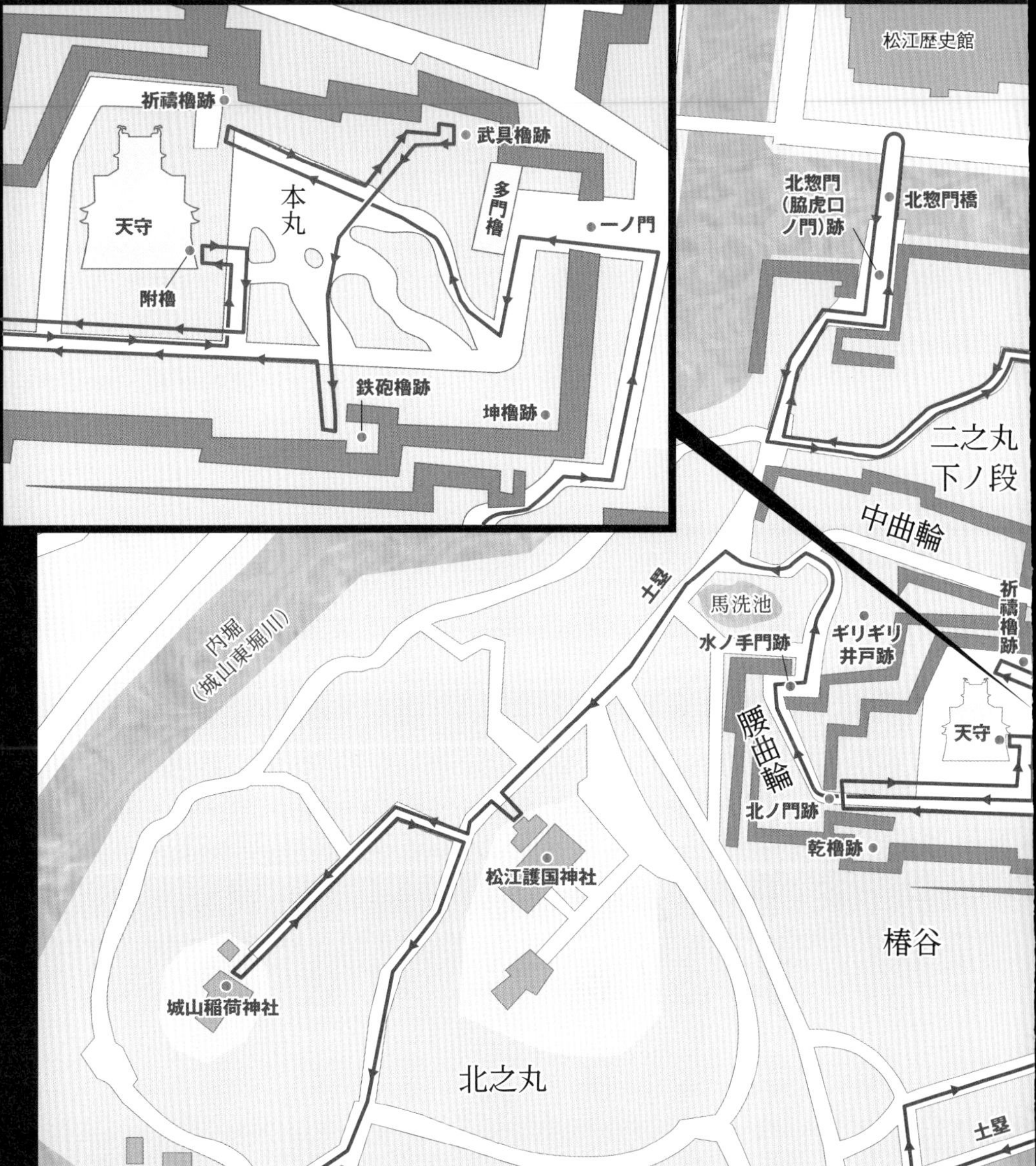
松江歴史館
祈禱櫓跡
武具櫓跡
本丸
多門櫓
天守
一ノ門
附櫓
鉄砲櫓跡
坤櫓跡
北惣門（脇虎口ノ門）跡
北惣門橋
二之丸下ノ段
中曲輪
土塁
馬洗池
水ノ手門跡
ギリギリ井戸跡
祈禱櫓跡
内堀（城山東堀川）
腰曲輪
天守
北ノ門跡
乾櫓跡
松江護国神社
椿谷
城山稲荷神社
北之丸
土塁
亀田橋
搦手虎口跡
稲荷橋
内堀（城山西堀川）
GOAL

城内 1

侵入した敵を迎え撃つ「馬溜」

柵が置かれた未完の門「大手虎口柵門跡」

大手前広場の西側に、「大手虎口柵門跡（おおてこぐちさくもん）」があります。

大手虎口柵門は、「柵門」という柵を立てただけの簡易的な門だったので、「大手柵御門（おおてさくごもん）」とも呼ばれていました。防御の点から見ると、本来なら防御装置としての機能がない柵門ではなく、「高麗門（こうらいもん）」が構築されるのが一般的です。高麗門とは、２本の本柱の上に切妻の屋根をかけ、本柱の門の内側にも控柱（ひかえばしら）を２本立て、本柱とつなげて門を支えます。城郭の外門によく見られるのですが、ここには簡易的な柵門しかなかったことから、未完成だったとされています。

大手虎口柵門跡

大手虎口柵門の大きさは、幅が２間（約３・６メートル）です。門の北には、長さが16間（約29メートル）の塀が延びています。南にも長さ８間半（約15メートル）の塀があり、終端で西に折れ、長さ26間半（約48メートル）の塀が続いています。

平成10年（１９９８）には、門の北と、南西に延びる塀の調査が行われました。この塀は大手側から見ると石垣になっていますが、内側に入ると土塁になっているのがわかります。調査の結果、北に延びる塀の土塁からは高さ約０・８メートルの石垣、南側では高さ１メートルほどの石垣が見つかりました。

有事に備え、馬がつながれた場所

大手虎口柵門跡を通ってすぐの敷地は「馬溜（うまだまり）」と呼んでいる場所です。敷地に入ってすぐ正面には、高さ約13メートルの石垣がそびえ立ちます。その石垣の北西には太鼓櫓（たいこやぐら）、南西には中櫓が建っています。馬溜は石垣と土塁で四角く囲まれており、侵入してきた敵を四方から攻撃して、侵攻を防ぐ役割がありました。ここは城の出入口を守る重要な防御施設の1つです。

馬溜は南北に46メートル、東西に45メートルの規模をもつ曲輪（くるわ）で、松江城の外曲輪（そとぐるわ）にあたります。この場所に多くの馬をつないでおくため設けられた空間だったことから、馬溜という名前がつきました。有事の際には、城内に兵士が駐屯する場所としての機能も期待されていたとされます。

平成8年（1996）の調査では、馬溜の北西と南東に、長方形の井戸が2基見つかっています。北西部の井戸は、「割石積み」という築城当初の建築様式でつくられたと考えられています。南東部の井戸は「切石積み」でつくられているので、江戸時代末期に改修されたとみられています。

馬溜を右（北）に曲がり進むと、「大手門跡（おおてもんあと）」があります。ここにはかつて、2階建ての大型の櫓門がありました。文献によると、大手門は東西の長さが8間（約15メートル）、南北の奥行きが3間半（約6メートル）あったとされています。発掘調査により、門扉を建てた礎石などが、完全に近い状態で見つかっています。

馬溜　大手虎口柵門跡から北西の井戸と太鼓櫓を望む。馬溜内の設備は2つの井戸のみだった。

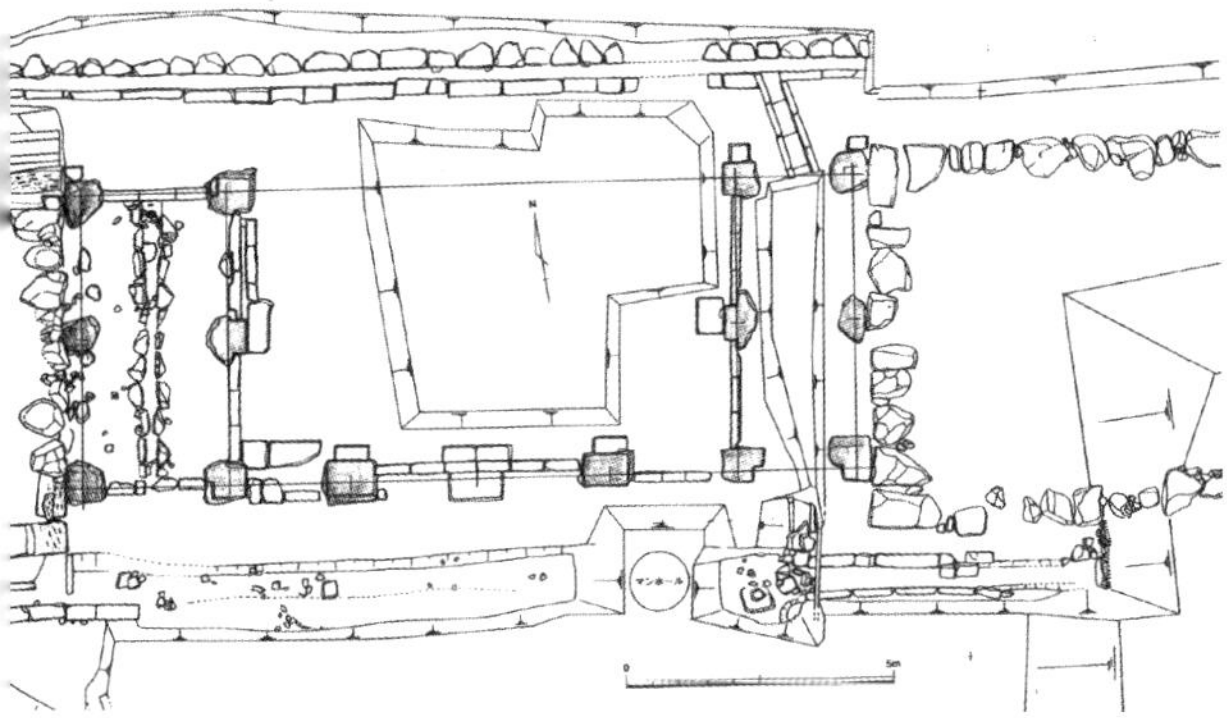

大手門跡の調査平面図　2階建ての大きな櫓門で、左側には役人が詰めていた番所跡があった。（『史跡松江城整備事業報告書』より転載）

大手門跡

7棟の米蔵が建った「二之丸下ノ段」

藩の米を蓄える蔵が建つ曲輪

大手門跡を過ぎ、すぐ目の前に広がる敷地は「二之丸下ノ段」です。松江城の外曲輪は3つあり、先ほど通ってきた馬溜と、東側に位置するこの二之丸下ノ段、北西の「城山稲荷(じょうざんいなり)神社」周辺です。二之丸下ノ段は南北に延びた長方形の曲輪で、南北に200メートル、東西は最大で110メートルの規模をもつ城内最大規模の曲輪となっています。

大手門から入り、登城路を通って本丸へ向かう導線上に位置しているので、本来であれば三之丸としての機能を備えているはずでしたが、城の南側にできた三之丸が、その機能を担っていました。大手門から登城道までの導線上に、城の中心となる御殿などの施設群が配置されないのは、松江城の特徴の1つです。

では、二之丸下ノ段はどんな機能をもっていたのでしょうか。松江城天守は慶長16年(1611)に築城されましたが、史料によると、ほかの主要な施設と一緒に、二之丸も完成していたとされています。『御城

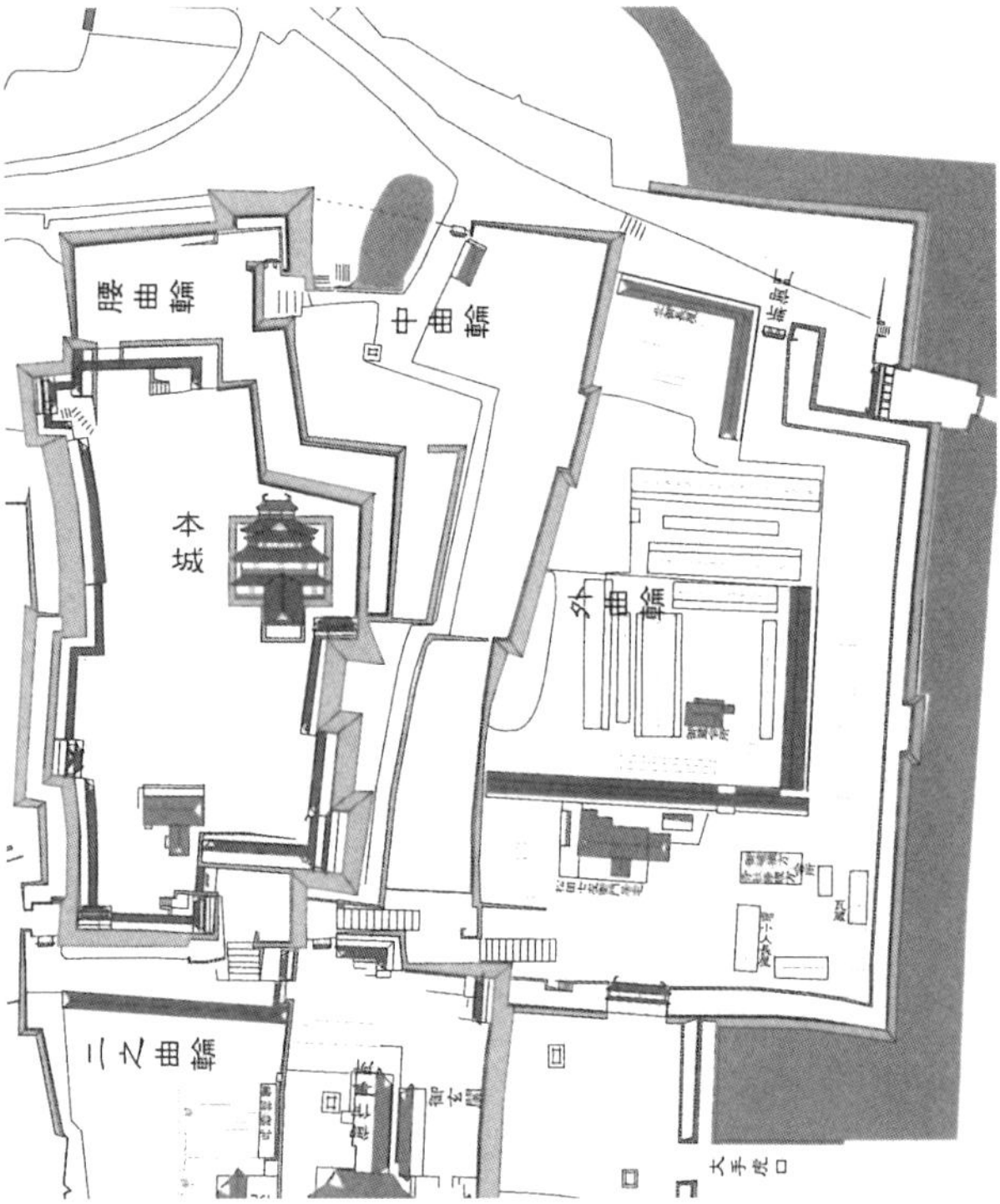

『御城内絵図面』を元に作成した図(部分)　二之丸下ノ段にあった米蔵や、天守鍵預の建物、御破損方、寺社修理方など、建物の配置が記されている。(『松江市史　別編1　松江城』より転載)

二之丸下ノ段の様子　現在は米蔵などの施設は残っていない。手前に南蔵の石積基壇と排水溝が見える。

内絵図面』などの史料からは、二之丸下ノ段の南、東、北に長屋が建てられていたことが確認できます。

　現在も二之丸下ノ段の中心部には排水溝の遺構が残っていますが、17世紀後半には、それに沿って「南蔵」と「東蔵」の2棟の米蔵が建っていました。さらに天保年間（1830〜44）には、米蔵は7棟に増えています。

　ほかにも17世紀末までに南側の大手門東脇に御小人長屋や天守鍵預の役宅の「源蔵居所」が、北側には幕府から預けられた荻田本繁の長屋が建てられました。二之丸下ノ段の役割は米の貯蔵場所、幕府からの預かり人や天守の鍵を預かる役人が詰める長屋がある場所として使われていました。『御城内絵図面』によると、二之丸下ノ段の南東部には「御破損方、寺社修理方会所」と書かれた建物が描かれています。もともとは南殿町の「御作事所」の中にあった施設で、二之丸に移転するなどして、最終的に二之丸下ノ段に建てられたとされています。

現在、江戸時代の建築物を模した「ぶらっと松江観光案内所」と「ちどり茶屋」が建てられている辺りは、御破損方と寺社修理方の建物があった場所です。平成5年（1993）の調査では、4メートルの通路を隔てて北と南にそれぞれ建物の礎石（そせき）が発見されました。南の建物跡は東西約11メートル、南北約8メートルで、L字形の建物だったと判明しています。

北の建物跡は、「雨落ち溝」の機能をもった石敷列が、家の周囲に置かれていました。雨落ち溝は雨樋（あまどい）がない時代の石組みの総称で、雨で地面がへこむことを防ぐために用いられたものです。建物の規模は東西約16メートル、南北約8メートルでした。

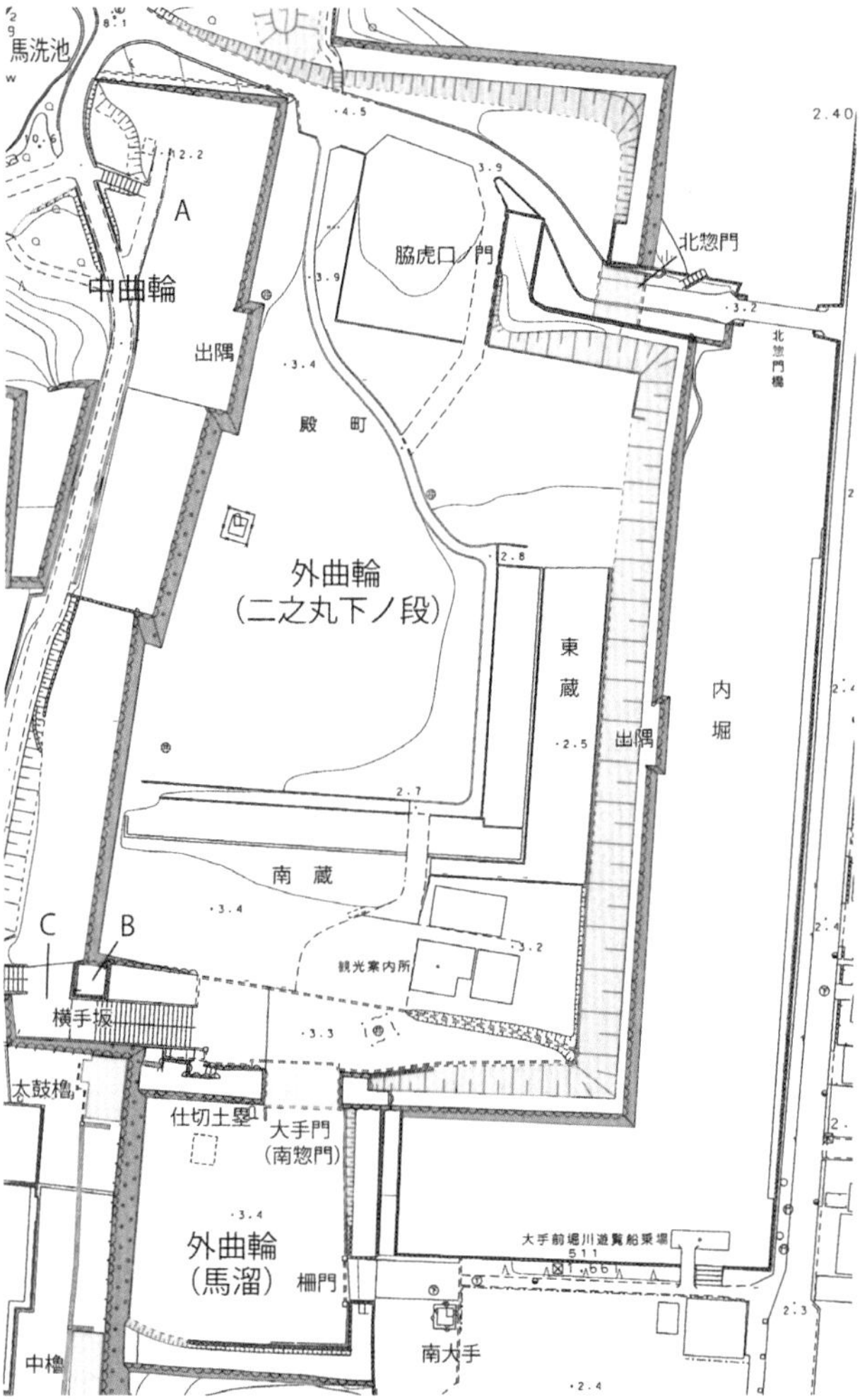

外曲輪一帯の様子　（『松江市史　別編1　松江城』より転載）

普請の仕方が珍しい「北惣門跡」

二之丸下ノ段の北側には、搦手門（からめてもん）である「北惣門（きたそうもん）

北惣門橋

北惣門（脇虎口ノ門）跡　門を入って右（北）に進路が曲がっているのがわかる。

（脇虎口（わきこぐち）ノ門）跡」があります。搦手とは城の裏門のことで、通常であれば門は2つ設置され、敵の侵入を阻む枡形になります。ところが松江城の北惣門では、前門しか建っておらず、後門がありません。まっすぐ進めないよう通路はL字に曲げられ、敵の進行を限定するために、石塁で囲むところまで普請はされているものの、後門を設置する前に中断したようです。

このような場合、後門を設置して、前門をつくらないことが多いのですが、北惣門はその逆です。門の様式も後門に設置するような櫓門であるなど、珍しい普請です。

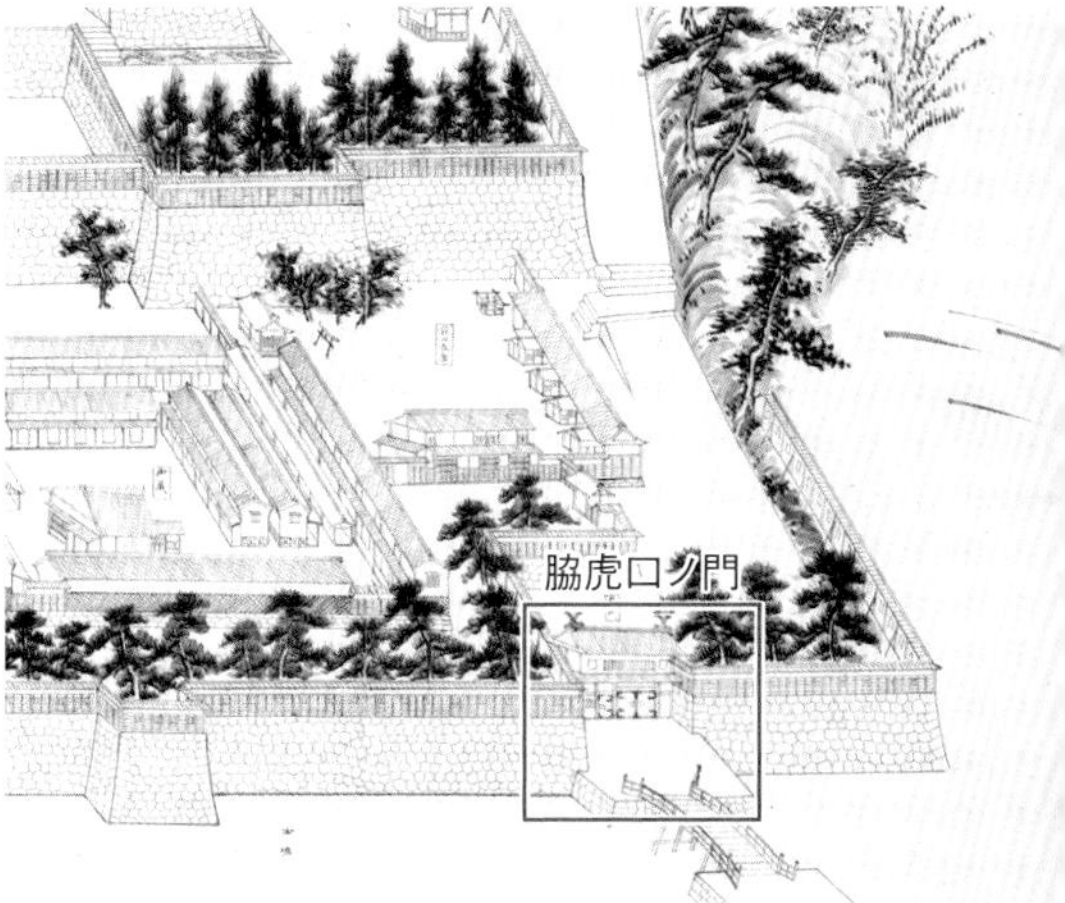

『旧松江城図面』（部分）　脇虎口ノ門部分を拡大し、示している。（松江歴史館蔵）

北惣門跡を越えるとすぐに「北惣門橋」が見えてきます。橋が架けられた当初は木造橋でしたが、明治時代中期に石造アーチ橋に架け替えられました。その後、さまざまな史料をもとに、木造橋に復元されています。

刻印の入った石材が多く見られる石垣

二之丸下ノ段（外曲輪）東辺にある内堀沿いの石垣

二之丸下ノ段の石垣　写真左は粗く、右は隙間なく石が積まれ、石垣の積み方が違うことがわかる。

は、水上に出ているだけでおよそ6メートルの高さがあります。南東隅や惣門付近の石垣は積み直されていますが、ほかはおおむね築城されたときの姿を保っています。

　二之丸下ノ段の西側に見えるのは中曲輪の石垣です。南北に延びている石垣は、張り出している部分から北半分ほどが積み直されています。ほかの部分は築城当時の姿を保っているとされ、高さは約6メートル、場所によっては約10メートルに及びます。約70度の傾斜がついており、場所によってはさらに傾斜が増します。

　両方の石垣に共通する点として、積み上げられた石の多くが不定形で、自然な丸みをもち、石に刻印が多く見られる点が挙げられます。松江城の城郭石垣の刻印は、見つかっているだけでも1000以上あり、石垣を解体してみないと正確な数はわからないとされています。とくに中曲輪東辺（二之丸下ノ段西側）の石垣では、刻印の入った石が多く見られます。

　また、石材には「大海崎石（おおみさきいし）」が多数使われて

二之丸下ノ段
西側の石垣

中曲輪東辺の石垣に
入った刻印

いるのも特徴です。大海崎石は松江市の大海崎町一帯で産出する石で、デイサイトという火山岩です。松江城が築城された際に多く用いられました。隅石（すみいし）（角石）の一部には荒いノミキリを施したものがみられ、長方体の長辺が他地域のものより短く、左右への食い込みが弱くなっています。これらの石垣は、城の外から見上げたとき、高低差によって上下が重なるようにつくられています。

二之丸下ノ段の施設は、廃藩置県後の明治８年（１８７５）に取り壊されてしまいます。明治から大正時代にかけて、茶店が開業するなど公園やイベント会場として利用されてきました。

昭和４年（１９２９）に出された「松江市城山公園改造計画設計案」によって、二之丸下ノ段にはテニスコートや弓道場などが整備されます。文化財保護と相反する利用状況から、城跡として見直しが行われ、少しずつ城内の史跡と関係ない施設が、城外へ移されていきました。

城内 3

中央の段差で分かつ藩主の住居「二之丸」

復元された3つの櫓

大手門跡付近まで戻り、西側にある登城道（近年では「本坂」と呼ぶ人が多い）を登ります。この坂は天守まで続き、途中、屈曲する直前の右側（北東）にある石垣の石材には、城郭内で唯一であり最大の大きさの「分銅紋」がいくつも刻まれています。堀尾家の家紋である分銅紋を刻むことで、堀尾氏が建てた城であることを示したのです。また、城郭石垣の約6割が、崩れにくい「打ち込みハギ」という手法でつくられています。

登城道を登ると「三ノ門跡」に到着します。門は残っておらず、碑が立てられているのみですが、史料から、二之丸を守る門があったことがわかっています。

三ノ門跡を通り南に進んで二之丸に入ると、左手（東）側には「定番所跡」があります。定番所は、藩主の二之丸御殿が置かれていた二之丸を守るため、入口を警備する人が詰めていた場所です。

分銅紋の入った石材

登城道（本坂） 途中の踊り場は段差が緩やかで、石垣をより近くで見ることができる。

定番所跡の碑

三ノ門跡

二之丸は南北90メートル、東西100メートルの規模になる台形に近い曲輪です。中央部にある約3メートルの段差を境に、二之丸は東西に分かれています。高地は標高約19メートル、低地は標高約16メートルとなっています。段差で分かれている理由は、旧亀田山の地形が関係しているのではないかと考えられています。

二之丸東側には、現在3つの櫓があります。北から南へ順に「太鼓櫓（たいこやぐら）」「中櫓」「南櫓」で、櫓の間をつなぐ土塀も含め、平成13年（2001）に復元されました。土塀には、鉄砲や弓で攻撃を仕掛けるための狭間（さま）という穴が開けられています。太鼓櫓と中櫓は先ほどの馬溜から見える櫓で、馬溜で立ち往生している敵を攻撃することができます。

太鼓櫓　設置されていた太鼓は天守2階で見ることができる。

太鼓櫓の西の定番所跡周辺から、地鎮めに関連した遺物が出土しています。そのことから、周辺の建物が17世紀初め頃のものであるとわかっています。

復元された3つの櫓内は、見学可能です。中櫓は2階建てになっており、内堀や馬溜を見下ろすことができます。

藩主が執務を行っていた「御書院」

二之丸にあった建物は、松平松江藩2代藩

主の松平綱隆の頃まで、藩主の生活空間である「御殿」として機能していました。上段には藩主に関係する者の居住場所があり、藩主が執務を行った「御書院」のほか、「月見御殿」「上御台所」「御風呂屋」がありました。

下段にはさまざまな儀式を行う「御広間」のほか、「下御台所」「御式台」がありました。御広間と御書院は廊下でつながっていたと考えられています。廊下には段差があり、約8メートルの長さがあったとされています。そのほか、御女中が暮らした「長局」「御広敷」などの建物があったこともわかっています。

中櫓

南櫓

松平氏が藩主となってからは、御殿が三之丸に移されたため、御書院には「軍用方役所」が置かれました。ただ、御殿の機能がいつ頃移されたのかは明確にわかっていません。

現在、この御書院跡には松江神社が、長局があった場所には松江神社の社務所が建っています。松江神社の南には「御書院跡」の碑も見ることができます。

明治の面影残す「興雲閣」

復元された3つの櫓とは別に、当時の二之丸には、もう1つ、「御月見櫓」が建てられていましたが、現在は御月見櫓跡の碑が立つのみです。その碑の北には月見御殿があり、跡地には「興雲閣」が建てられています。

興雲閣は、従来の和様建築を基盤に、西洋建築の特徴的な意匠を取り入れた建築物で、「擬洋風建築」と呼ばれている建築様式です。擬洋風建築は明治時代初期に現れたもので、日本の職人が外国人の建てた洋風建築を真似たり、洋風建築の工事に参加して、その知識を元に建てたものです。

興雲閣が建てられた明治時代後半になると、洋風建築の知識や経験を得た技術者が育成され、需要も高まり、本格的な洋風建築が多数つくられるようになったため、擬洋風建築の需要は少なくなっていました。擬洋風建築の歴史の最晩年につくられた興雲閣は、擬洋風建築のほぼ完璧な姿を見ることができる貴重な建物となっています。

興雲閣はもともと、明治天皇を山陰地方へ迎えるた

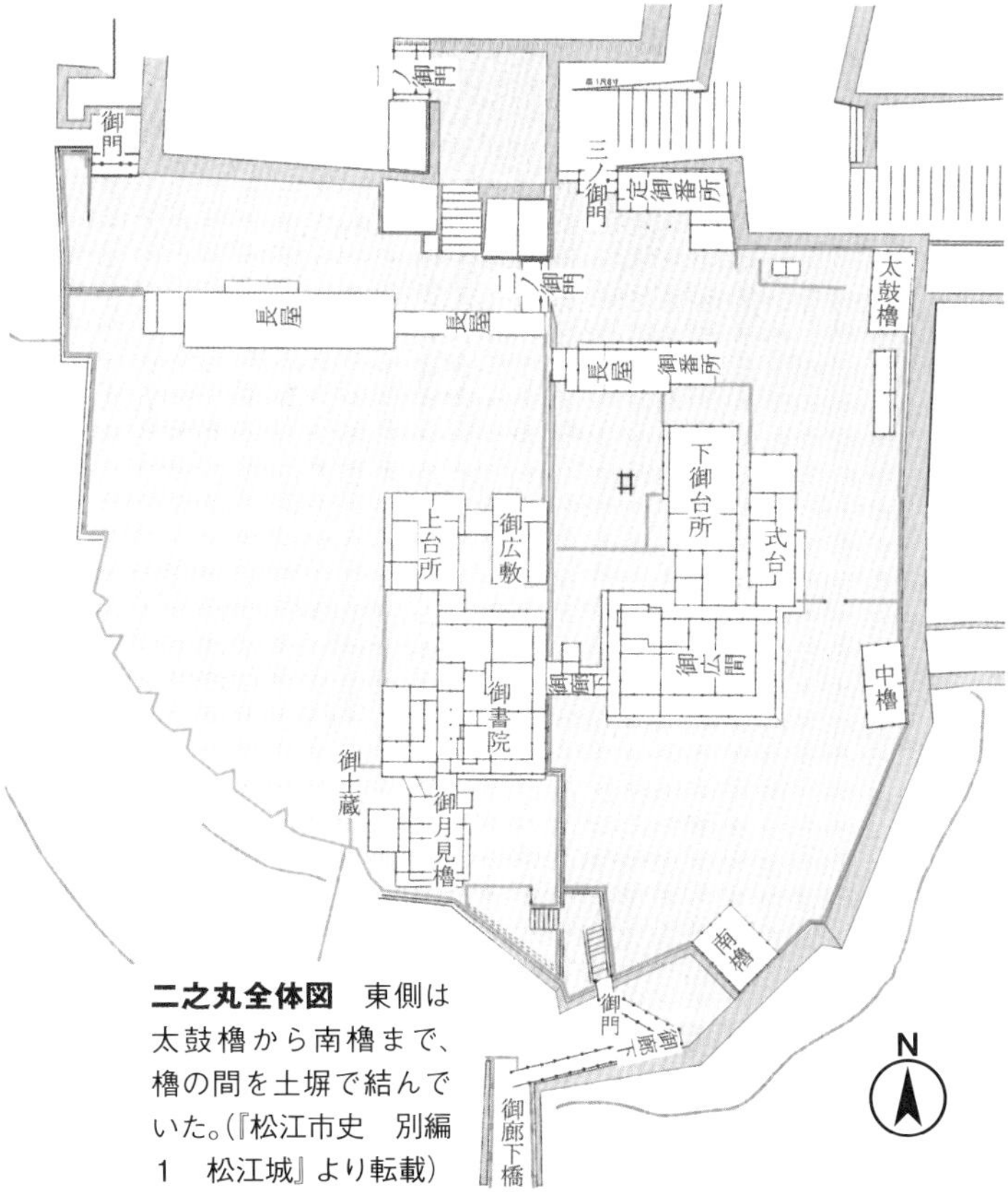

二之丸全体図 東側は太鼓櫓から南櫓まで、櫓の間を土塀で結んでいた。（『松江市史　別編1　松江城』より転載）

御書院跡の碑

御月見櫓跡の碑

めの宿泊所として、明治36年（1903）に松江市が建てたものです。天皇を迎えるのは、あくまでも「仮定」だったため、「工芸品陳列所」という名目で建設が進められています。実際に明治天皇が利用することはありませんでしたが、明治40年（1907）には、嘉仁（よしひと）親王（のちの大正天皇）の行啓に利用されました。その際に改修が行われ、2階の「貴顕室（きけんしつ）」が宿泊に使われました。

興雲閣

工芸品陳列所が興雲閣へと名前を変えたのは、明治42年（1909）のことです。旧松江藩主家の当主だった松平直亮（なおあき）によって命名されました。嘉仁親王の行啓後、興雲閣は、各種会合や展覧会の会合、迎賓館として使われました。現在の興雲閣としての姿ができたのは明治45年（1912）のことです。2階を大広間とするために階段室が増築され、その後は松江市の公的な歓迎所として使われ、美術館や博物館としても使われました。

平成25～27年（2013～15）に修理工事が行われ、興雲閣として一般公開されました。興雲閣内は無料で見学できるようになっており、1階にはカフェが併設されています。

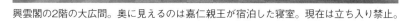

興雲閣の2階の大広間。奥に見えるのは嘉仁親王が宿泊した寝室。現在は立ち入り禁止。

二之丸の景色を眺めながらの食事も楽しむことができます。

御殿跡に建てられた「松江神社」

興雲閣の北側、御書院跡には、「松江神社」があります。松江神社は、「本殿」「幣殿」「拝殿」が一体となる「権現造り」の建物です。明治10年（1877）に松江藩の旧士族関係者により、松平直政を祭神とし、藩のお茶屋があった楽山（松江市西川津町）に「楽山神社」として創建されました。

松江神社　東側の鳥居。北側にも本丸の一ノ門へと続く鳥居がある。

明治31年（1898）には、朝酌村（現在の松江市西尾町）にあった東照宮を合祀して、翌年に現在の地へと遷座しました。松江神社と名前を変えたのはこのときです。昭和6年（1931）には松平松江藩7代・松平治郷と、松江開府の祖である堀尾吉晴の威光をたたえ、2人の神霊を合祀しています。現在の社殿は、寛永5年（1628）に、堀尾忠晴が朝酌村に創建した東照宮の社殿です。

松江神社には、社殿に関する棟札が11枚保存されています。最も古い棟札は寛永5年（1628）のもので、「奉新造東照大権現御宝殿一宇所」と書かれています。この棟札には「従四位下行侍従兼出雲隠岐両大守堀尾山城守高階朝臣忠晴」とも書かれているため、堀尾忠晴が勧進したということがわかります。松江城完成時の祈禱札2枚も、11枚の棟札と一緒に保管されていました。

東照宮は、寛永5年（1628）に創建されてから元治元年（1864）までの間に、合計7回の修復が行われたことがわかっています。また、神社にある棟札からは、天保13年（1842）とその翌年に、立て続けに社殿の修復が行われていることもわかっています。書かれている内容から、新造に近い大がかりな修復だったのではと考えられています。

城内 4

「椿谷」の通称が残る西側の後曲輪

ちぐはぐな構造の「南門」

松江神社から二之丸を南へ進むと見えてくる石段を下ります。その途中に、藩政期は「南門」がありましたが、現在遺構は残っておらず、門の場所を示す碑などもありません。しかし、『堀尾期松江城下町絵図』を見ると、この場所に門が描かれているので、寛永期（1624〜44）には、南門が存在していたと考えられます。

南門は「棟門」という様式で、松江城のほかの門と比べると簡素な城門でした。棟門とは、公家の邸宅などに用いられた、本柱を2本立てた上に切妻造りの屋根が載った門です。

南門周辺は、石段が一度折れ曲がっているものの、櫓などで守られているわけではありませんでした。また、南門の東側の南櫓や、興雲閣の南側にあった御月見櫓からだと、直接石段にいる敵を攻撃するには少し遠い位置にあります。そういった理由から、城門として防御することを考えると、簡素なつくりの棟門では心もとない、矛盾した構造になっています。築城された当時は重要視されていなかったのではないかと考えられています。

千鳥橋（御廊下橋）

三之丸と二之丸つなぐ「千鳥橋」

木々が立ち並んでいる石段を進むと、木製の橋が見えてきます。二之丸と三之丸とをつなぐ「千鳥橋」です。江戸時代には「御廊下橋」とも呼ばれ、屋根つきの橋でした。

二之丸から千鳥橋へと続く階段の壁面には、加工度の高い石垣があります。これは嘉永4年（1851）に修理されたもので、東側には、石垣の側面が緩やかに屈曲する、丸みをもった隅角部（ぐうかく）のある石が積まれた、全国的にも珍しい石垣が見られます。二之丸と三之丸をつなぐ急な角度の斜路となっていて、石垣の東が高く西へ下がっています。東端の高さは御廊下橋の路面から約9メートルの高さです。

南北に延びる塀で区分けされた「椿谷」

千鳥橋から北西へ道なりに進んでいくと、左手（西）に東屋（あずまや）が見えてきます。この辺りから松江城の「後曲輪（うしろぐるわ）」ですが、現在は森に囲まれた遊歩道となっています。

後曲輪は「椿谷（つばきだに）」と呼ばれています。椿谷という通称は、江戸時代に刀の手入れ油などに使う椿を、この場所に植えたことが由来とされています。ヤブツバキが多く、およそ230本の椿が生えています。

遊歩道の左側（西）には、松江城をぐるりと

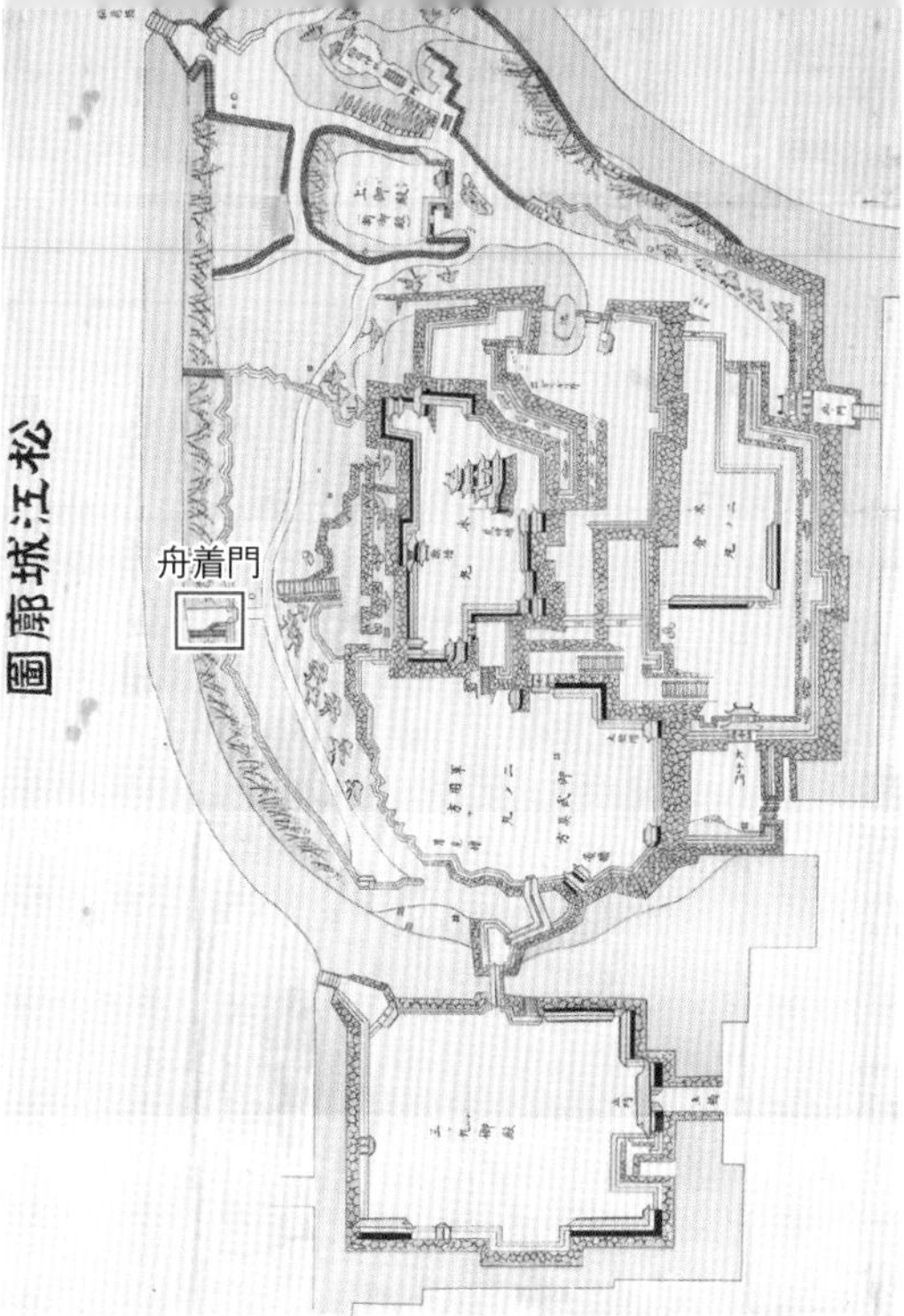

『松江城郭図』 後曲輪の様子がよくわかる絵図。外曲輪との境目に折塀があり、曲輪自体は土塀で囲まれているが、途中の舟着門で土塀が途切れているのがわかる。（松江歴史館蔵）

後曲輪の遊歩道 左（西）に堀、右（東）にはもう1つの散策路が通っている。

囲む内堀を間近に見ることができます。内堀には石垣がなく、堀際に土塁が築かれていました。土塁の上には折塀（おりべい）がめぐらされており、曲輪全体は地形を大きく変えずに構成されているため、後曲輪全体が弧を描いた形となっています。

　土塁の上に設置された折塀は、北にある橋の手前辺りで東に折れ、本丸西側、乾櫓（いぬいやぐら）の下辺りまで延びていました。ここが北の外曲輪と後曲輪の境目です。このように南北は塀、西側は堀、東は本丸の石垣などで囲まれていた後曲輪は、自由に行き来することができる曲輪ではなく、乾櫓の下方にあった「露地門」などから出入りしていたとされています。

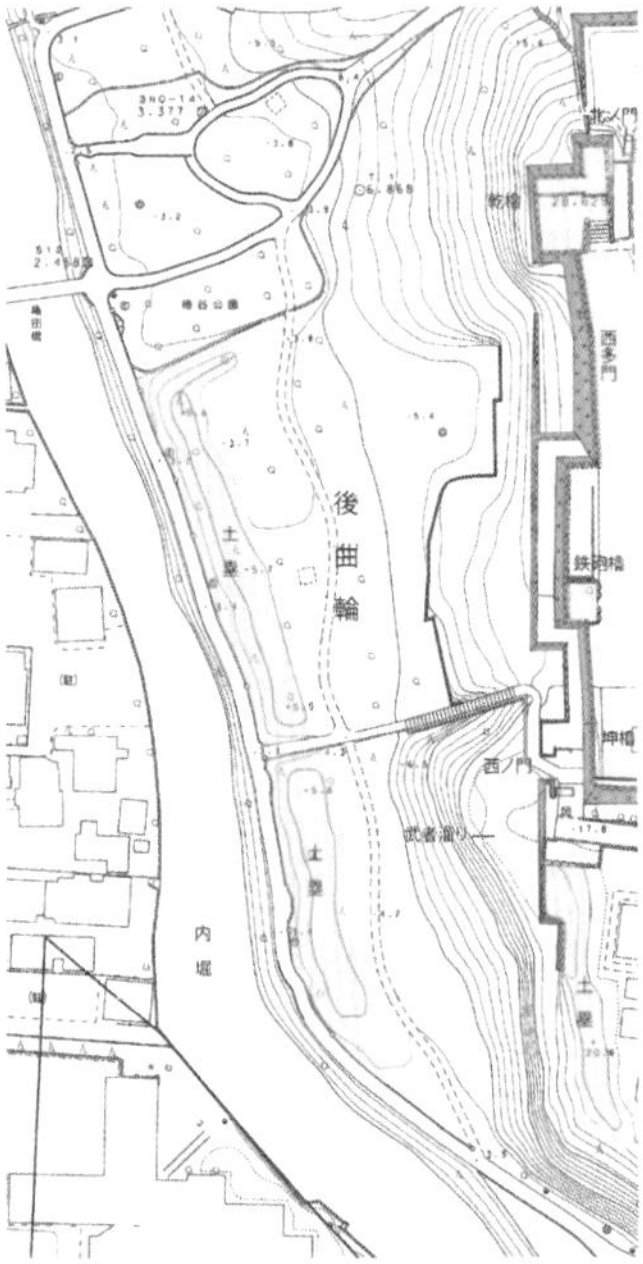

土塁の位置は図の中央、内堀に沿った場所にあった。土塁の上には板塀が設けられ、北端で東に折れ、東にある本丸の乾櫓の下へ板塀が続いていた。（『松江市史　別編1　松江城』より転載）

門の内側、後曲輪内部には、料理用の「御膳井」と称される井戸や、「コロク井戸」と称する名水井戸がありました。露地門の脇には「清水番所」と称される番所があり、三之丸の藩主の休憩所である「御花畑」を管理する人が常駐し、この曲輪の整備をしていたとされています。

　後曲輪は藩主やその家族の休憩の場として使われることもありました。塀に囲まれるなど、自由に出入りできない曲輪ではありましたが、後曲輪の中間辺りにある「舟着門」からも、出入りすることが可能でした。現在は舟着門跡として碑が残っています。土塁の上に建てられていた門で、対岸の三之丸から舟に乗って堀

電気発祥之地の碑　松江電灯株式会社の火力発電所があったことを示す碑。ここから松江市に初めて電気が通された。

舟着門跡の碑

を渡っていました。舟に縄をつけて、双方の岸から引っ張って移動していたとされています。藩主だけでなく、御花畑の作業員もここから移動したのではと考えられています。

明治に入ってから、後曲輪にはバレーボールコートやテニスコートなどが設けられたこともありました。明治28年（1895）には、「松江電灯株式会社」が創設され、石炭の火力発電所が建設されています。松江市に初めて電気がもたらされたのは松江城の後曲輪からでした。

簡易な門だが櫓が睨む「西ノ門」

後曲輪の散策コースを北に進むと、西に「亀田橋」が見えてきます。昭和に入ってつくられた橋で、後曲輪に隣接するように架けられました。ここを渡らず右（東）に折れ、さらに右手（南）へと散策路を進みます。

散策コース内にはさまざまな木々が植えられており、椿のほか、梅なども植えられています。しばらく進むと右側（南西）に2つ目の東屋が見えてきます。東屋の先にある十字路を左（東）へ進むと二之丸へ続く石段が見えてきます。

その石段を登った先に、「西ノ門跡」があります。現在門は残っていませんが、当時の門は簡易的な門だったとされます。真上には本丸の隅櫓にあたる坤櫓（ひつじさるやぐら）、先ほど登ってきた石段の上には鉄砲櫓があり、侵入者へ目を光らせていました。

西ノ門跡　門は残っておらず、碑が残るのみだが、二之丸と後曲輪を分ける門で、周辺を櫓で守っていた。

松江が「水の都」と呼ばれるゆえん

松江の地図を見ると、宍道湖と中海に囲まれ、松江城の周囲をめぐる堀があることがわかる。今もなお美しい水景が広がるこの町の歴史をひも解く。

5年の築城工事を経て水と暮らす町の礎を築いた堀尾氏

関ケ原の戦いの戦功により、徳川家康から出雲・隠岐の24万石を拝領した堀尾忠氏は、父の吉晴とともに、広瀬（現在の安来市広瀬町）の月山にある富田城に入城します。しかし、城下町を築くことが難しく、統治の勝手が悪いため、城の移転を決めます。

ところが、慶長9年（1604）に忠氏が急死したため、城と城下町の建築は、息子の忠晴と父の吉晴に託されました。忠晴は当時6歳だったため、吉晴が補佐しながら、慶長12年

現在の堀川の様子

（1607）に築城工事を開始し、4年後に松江城と城下町が完成します。

松江城下町の特徴として、縦横に走る「堀割」があります。本丸と二之丸が置かれた亀田山以外は低湿地帯であったため、盛土などで手を加え、屋敷地を確保し、物資の運搬や排水、防御の面でも堀をつくる必要がありました。

敵からの攻撃と、城内への物資運搬が意識された「内堀」と「中堀」

亀田山を取り囲む内堀、三之丸の東西南辺に中堀がつくられました。宇賀山と赤山が地続きになっていた亀田山の北側は、宇賀丘陵にある赤山と亀田山の間を切り開き、内堀と外堀を兼ねた幅20～38間（約36～69メートル）もの広い堀がつくられました。

亀田山の北側と西側の堀は両岸の護岸（水流などで浸食されないよう、地盤の表面や堤防の法面（のりめん）を覆って保護する構造物）が土手となっています。それに対して東側の堀の護岸は、石垣になっています。このことから、南東方面からの敵の侵入をとくに意識して縄張がつくられていることや、二之丸下ノ段の米蔵へ物資を運搬する舟が接岸しやすいように配慮されたことが推測できます。

農業用水や宍道湖からの水運として活用された「外堀」

外堀は、一部の中堀を挟んで内堀の西側と東側、南側をさらに大きく取り囲むようにつくられています。西側にある「四十間堀川（しじっけんぼりがわ）」は、もともと堀の幅が四十間あったことが名前の由来になっており、江戸時代の絵図にも41間半～44間（約75～80メートル）あったこ

四十間堀川

京橋川

とが記されています。その後、新田開発などのために西岸の一部が埋められて、25～30間（約45～55メートル）に幅が狭められました。四十間堀川の水は、農業用水としても広く使われていました。

南側にある「京橋川」と東側の「米子川」は、武家地と町人地を分かつようにつくられた堀です。京橋川は江戸時代の早い時期から両側を石垣で護岸され、船着き場も設置されていました。その理由は、元禄2年（1689）に四十間堀が宍道湖とつながるまで、この京橋川河口が最も頻繁に利用された城下への入口であり、川の南は職人町や商人町であったため、船による物資の流通上も重要な川だったからです。

豊かな恵みをもたらす汽水をたたえた「宍道湖」

松江での暮らしや営みにおいて、極めて重要な存在が「宍道湖」です。一般的な湖といえば淡水ですが、この湖は汽水湖のため、わずかに塩分を含みます。そのため、魚種が豊富で、「宍道湖七珍」（142ページ）は松江を代表する味覚として有名です。とくに有名なのはシジミですが、宍道湖と城の堀である川がつながっているため、堀にもシジミが多く生息しています。また、城の東にある松江歴史館付近の堀では、海の魚やエイを見かけることもあります。

奥出雲を流れ出る斐伊川は、古代には日本海側に流れ込んでいましたが、中世後期には宍道湖へ流れ込むようになりました。たたら製鉄に使う原料の砂鉄を、川に砂を流し砂鉄を選別する「鉄穴流し」という技法で採集していたため、宍道湖に砂が堆積して、大雨が降るたびに濁流を受けて増水し、湖周辺には水害による甚大な被害が及

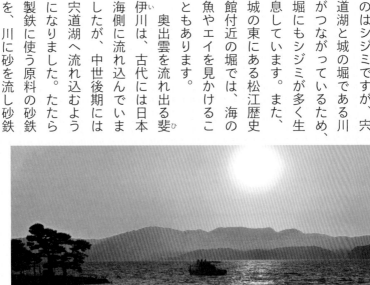

宍道湖　宍道湖に沈む夕日の景観は「日本百景」の1つに選ばれています。

びました。
たび重なる水害に対して江戸時代の松江藩がとった対策が、宍道湖の水の流れを日本海へと流す人工の川をつくることでした。それが、天明７年（１７８７）、清原太兵衛（きよはらたへえ）によって水害対策と水運利用を目的として開削された「佐陀川（さだ）」です。しかし、排水路としての役割は成果をあげず、もっぱら宍道湖と日本海をつなぐ水運として機能し、地域経済や産業の発達に大きく影響を与えました。

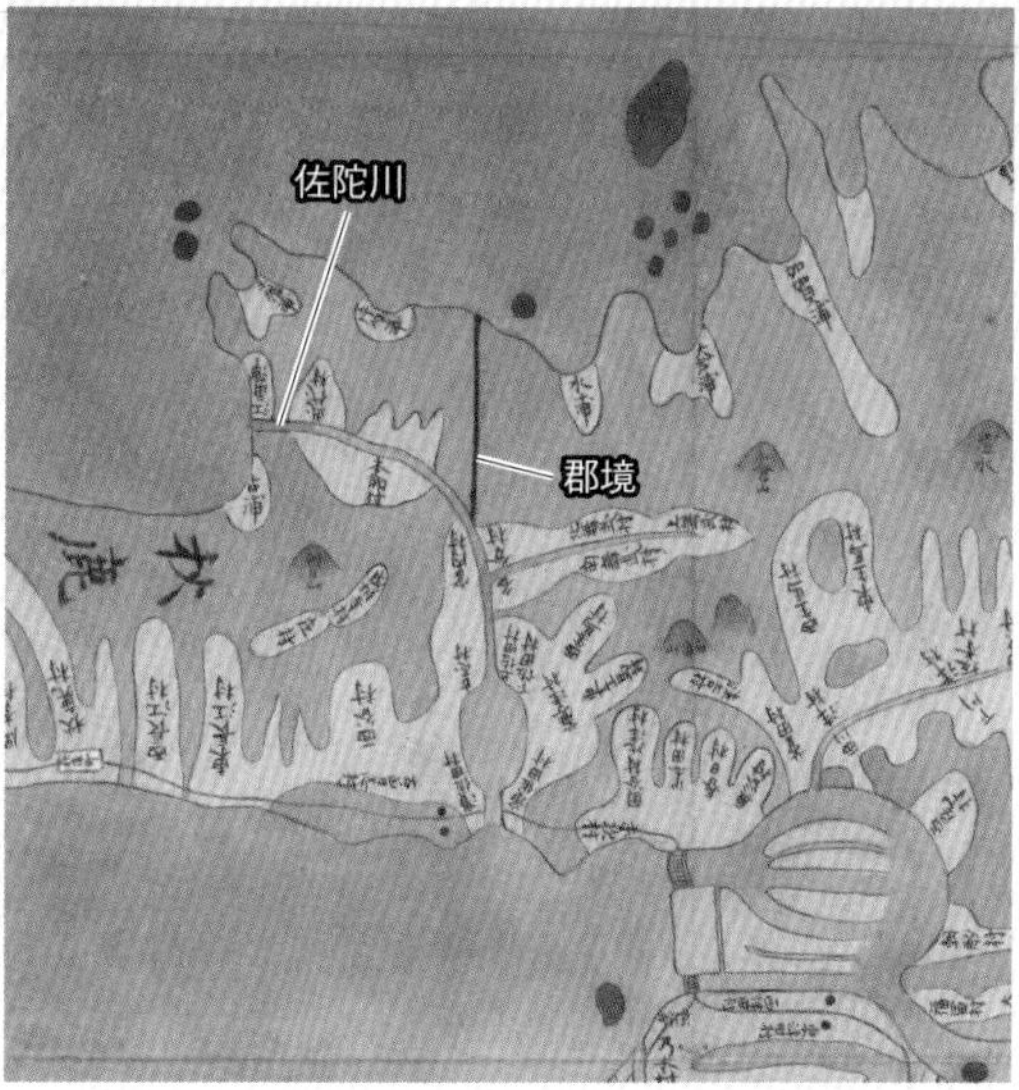

『出雲国十郡村絵図』（部分）　寛政年間(1789～1801)に作成されたとされる絵図には、佐陀川が描かれている。(島根大学附属図書館蔵)

現在でも体験できる水運で栄えた藩政期の松江

水運がもたらした歴史や、今も残る水景を感じられる体験ツアーが行われています。たとえば、観光遊覧船に乗って堀川をめぐる「ぐるっと松江堀川めぐり」では、水運で栄えた当時の松江を体感すると同時に、松江城天守や武家屋敷、塩見縄手の老松などを見ることもできます。

また、芥川龍之介や小泉八雲、志賀直哉などの文豪も、一時期この町で暮らし、自身の作品で松江を「水の都」として紹介しています。そのほか、日本三大船神事の1つであるホーランエンヤの継承や、男女200クルーが参加する松江市民レガッタの開催など、水辺を守り生かすため、市民を挙げての取り組みが行われています。

佐陀川の古写真　明治末～大正頃に撮影されたもの。(今岡ガクブチ店提供)

城内 5

本丸への登城道を守る「一ノ門」

櫓門の外に枡形をつくった「外枡形」

西ノ門跡を過ぎて道なりに進むと、右手（南）に二之丸の松江神社が、左側（北）には本丸の南にある多門櫓の石垣が見えてきます。さらに進むと右（南）に「二ノ門跡」の碑があります。その先へ進むと、三ノ門跡へとたどり着きます。

そちらへは進まず左（北）へ折れ階段を登ると、「一ノ門」が現れます。江戸時代の一ノ門は現在の門より手前（東）にあり、形状も2階建てで、2階は多門櫓とその南にあった弓櫓をつなぐ武者走りになっていました。現在見られる一ノ門および多門櫓は、昭和35年（1960）に建てられたものです。

本丸へと進む登城道は、三ノ門から一ノ門までを通る道が主要な道で、三ノ門から四度にわたり折れ曲がり、一ノ門へ至るという構造になっています。さらに三ノ門の北側には本丸の石垣がそびえ、本丸の南東隅にあった「武具櫓」から三ノ門を監視できました。さらに一ノ門の南にあった「弓櫓」からは、二ノ門を監視できました。

三ノ門跡から望む北側の多門櫓・一ノ門方面の石垣

武具櫓と弓櫓は二重の櫓で、侵入者を撃退するための防御設備でした。現在はどちらも再建されておらず、跡地が残るのみとなっています。

城の正面を意識した石垣の巨石

松江城は築城に当たり、亀田山を取り囲む水堀をつくり、本丸や二之丸、北之丸を中心に曲輪を配置する構造になっています。石垣にも特徴があり、おもに東側に立派な石垣が整備されています。対して西側など

一ノ門　右側が東へと延びる多門櫓の石垣で、大きな鏡石が見られる。左側の石垣の上には、弓櫓があった。

は、重要な箇所のみ石垣が敷設され、石垣がないところもあります。これは東側を城の正面だという意識でつくられたからだとされます。

一ノ門でも、その一端を垣間見ることができます。二之丸からの階段を上がって北側の、一ノ門から東に延びる石垣を見ると、大きな石が配列されていることがわかります。最も大きいものは約1・8メートルにも及びます。大きな石が置かれているのは鏡石（かがみいし）として「見せる」役割があり、権威を誇示した石垣だと考えられます。弓櫓の石垣にも、大きな石が使われています。

一ノ門の手前から見える、弓櫓と武具櫓があった石垣は、平成12年（2000）の地震により崩壊しました。その後、修復工事が行われ、平成18年（2006）まで続きました。

二ノ門跡　二ノ門跡の東側を見た写真。石段を登り切った右手（北）には本丸へと続く石段があり、東へ進むと西ノ門跡がある。

見せ方を意識し、城の威厳を示す「本丸」

正面の東寄りに配置された天守

一ノ門をくぐると「本丸」に入ります。入ってすぐ右（北）に天守が見えますが、よく見ると本丸の中央ではなく、東寄りに天守が建てられていることがわかります。

松江城の特徴として、東側が正面という点を意識してつくられていると先述しましたが、本丸も例外ではありません。城の正面と考える東側である二之丸下ノ段や堀の外から天守を見たときに、大きな石垣の上に天守が建っているように見えるよう、この位置に天守を建てました。また、道中に配置された東面の石垣は、下から見上げたときに、1つの石垣に見えるよう計算していたとされます。

本丸を守る防御設備だった「櫓」たち

江戸時代、本丸にはいくつもの櫓が存在しました。本丸の東から時計回りで「祈禱櫓（きとうやぐら）」、眼下に二之丸や二ノ門、三ノ門を睨む「武具櫓」、一ノ門を守る「弓櫓」、西ノ門を守る「坤櫓（ひつじさる）」「鉄砲櫓」、北ノ門周辺を守る「乾櫓」などが配置されていました。櫓の間は長方形の「多門櫓」や土塀でつなぎ、これらが本丸の防御の要となっていました。

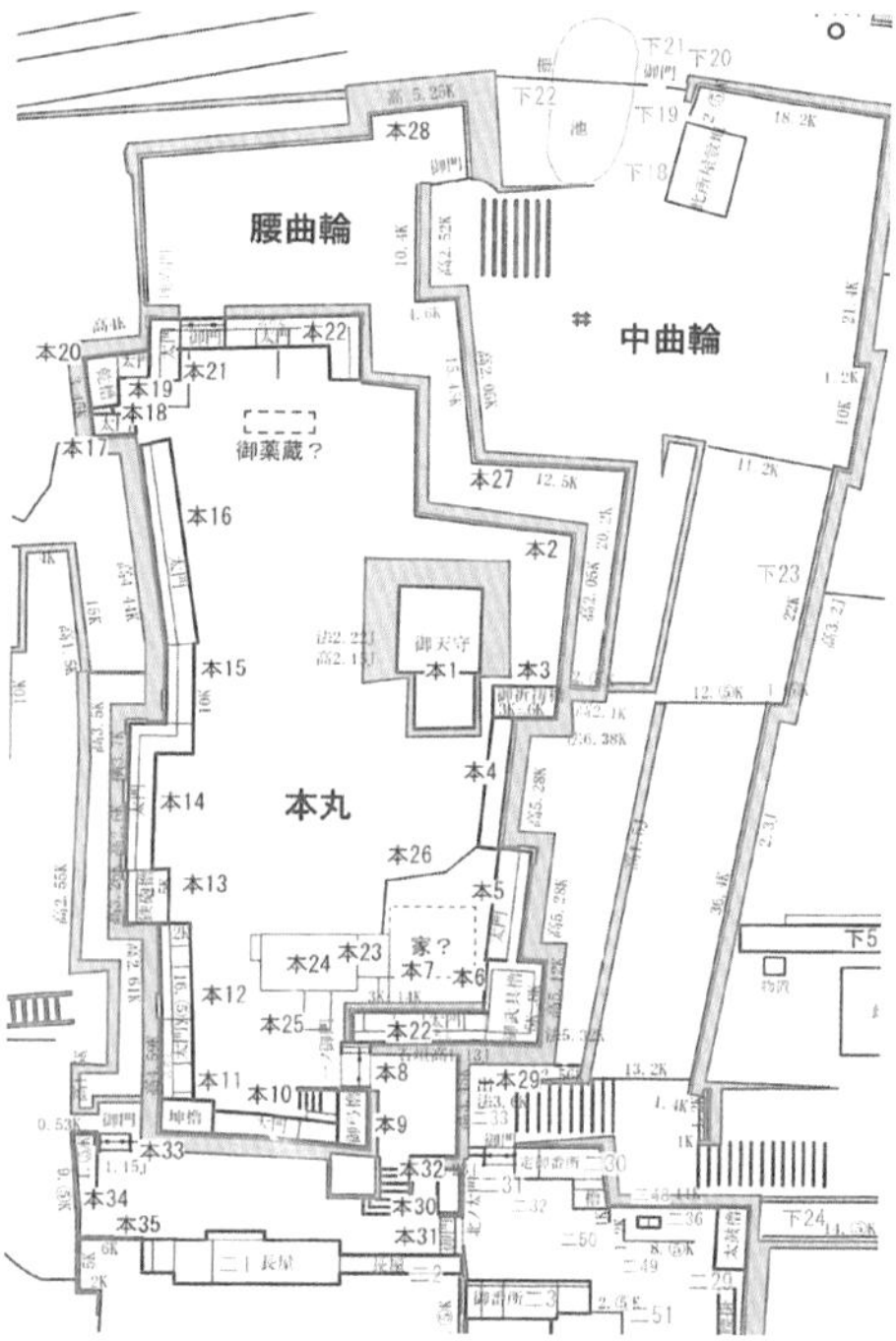

本丸の周辺図　北に御薬蔵、南に家と書かれた御殿とされる建物があったと考えられている。（『松江市史　別編1　松江城』より転載）

本丸では二層の櫓や多門櫓廊下が多用されています。ただ、櫓の配置は南側に多く集まり、北側は乾櫓があるだけでした。天守の背後は瓦塀のみで、簡略化されている箇所もありました。こういった櫓は平時には武具が置かれる場所として使用されていました。

しかし、西にある鉄砲櫓の西面は、唐破風がつけられていました。唐破風とは、破風という板や飾りなどの付属物の一種です。中央部分が盛り上がり、左右がほぼ水平になった反転曲線が特徴です。神社の本殿や拝殿、城の天守などで多く見られます。格式を表す屋根なので、鉄砲櫓の西面は城下への象徴的な建物として、天守とともに西面の威厳を示す役割を担ったと考えられています。

守りを意識した「出隅」「入隅」

本丸は南北に約１５０メートル、東西に50～75メートルの規模をもつ長方形の曲輪です。ただ、単純な長方形ではなく、ところどころ「出隅（でずみ）」や「入隅（いりすみ）」といった凹凸をもっています。出隅は石垣の塁線を屈曲させたもののうち、出っ張った部分のことです。反対に入隅はへこんだ部分のことをいいます。出隅には「乾櫓」などの櫓が配置されており、入隅と合わせて防御を意識した構造になっています。

本丸の東に建っていたのが「祈禱櫓」です。過去には「荒神櫓（こうじんやぐら）」とも呼ばれていたこの櫓は、崩落を繰り返す石垣を鎮めたことから、祈禱櫓と命名されたという伝承があります。天守は本丸の東寄りに建てられていますが、東面ギリギリではなく、石垣より6メートルほど内側に建てられています。崖の際（きわ）に天守を建てなかった理由は、地盤がゆるく、崩落の危険性があったためだとも考えられています。

祈禱櫓跡　荒神櫓とも呼ばれていた。

復元された「多門櫓」

一ノ門の東側に延びる石垣上には、復元された「多門櫓」があります。現在は休憩所となっています。内部には、昭和30年（1955）に解体修理された天守から取り外された柱材が用いられており、「松江城古材」の焼印が入っています。

櫓と櫓の間はこうした多門櫓がつないでいました。基本的には武器などが置かれた防御設備で、すべて石垣の上に建てられていました。

本丸の南、一ノ門を通ってすぐにある「城山公園管理事務所」は、平成8年（1996）に拡張工事が行われ、西側へ3メートルほど拡張されました。工事に際して拡張部分の調査が行われ、その際、3つの土坑（穴）が発見されました。

上層、中層の土坑は、近世後期以降の廃棄土坑でしたが、一番下の土坑からは素焼きの皿である土師器と銭貨が、瓦の破片に混じって見つかりました。完成された状態で出土した皿は2個だけでしたが、最低でも10個はあったと考えられています。銭貨は原型を確認することはできない状態でした。

ほかにも土坑からは、築城期の軒瓦が比較的多く発見されています。本丸には天守が現存していたこともあり、二之丸や外曲輪のように県や市の施設が建てら

復元された多門櫓　現在は休憩所として開放されているが、飲食は禁止。

多門跡　本丸西（左写真）と北ノ門東（右写真）にある多門跡。櫓同士をつなぐ防御施設だったが、現在は一部のみ復元されている。

れることがなく、手つかずだったことが原因だと考えられます。

登城道を警戒していた「武具櫓」

一ノ門、二ノ門、三ノ門といった、本丸へと進む登城道を守る櫓が「武具櫓」です。二ノ門跡から一ノ門への中間地点にベンチがあるのですが、そこから武具櫓があった場所を見上げると、地面が南東に突き出ているのがわかると思います。そこから二之丸太鼓櫓や三ノ門と連携し、登城道に迫る敵を撃退する役目を担っていました。ただ、武具櫓は残っておらず、案内板もなく、本丸の南東に、出っ張った空間が広がるのみとなっています。

また、本丸の東側、祈禱櫓と武具櫓のある東面石垣は、高石

発掘調査で出た遺構　本丸北ノ門東にある多門跡。

最下層の土坑から出土した土師器や銭貨

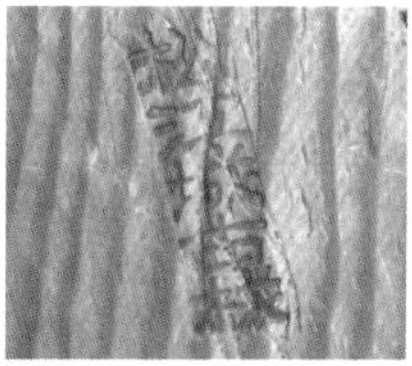

多門櫓柱材の焼印

（上の写真すべて松江市提供）

武具櫓跡
一ノ門の後ろ（東）から見た武具櫓跡。本丸の東へせり出しているのがわかる。

垣となっています。これも見せるための石垣として、景観を意識したものだと考えられています。

西を守る「鉄砲櫓」と北を守る「乾櫓」

西ノ門から登ってくる敵を監視していたのが「鉄砲櫓」です。大手門の登城道と比べて門や櫓などは少ないですが、石段が左右に折れる構造になっており、簡単に侵入することができないようになっていました。

鉄砲櫓跡　2階建ての櫓だったとされ、西ノ門の登り坂を警戒していた。

後曲輪と外曲輪の境をおさえていたのが北西の「乾櫓」です。西面の中央よりやや南側から東西に延びる板塀が、外曲輪と後曲輪を隔てていたため、稲荷(いなり)橋から侵入した敵は、西ノ門から直接侵攻できないようになっていました。また乾櫓は、本丸のもう1つの入口である北ノ門から侵入した敵を攻撃できる位置にもありました。本丸に設けられた出隅は、こうした防御の要所をおさえるために設けられた設備です。ちなみに松江城では、本丸と二之丸以外に櫓はつくられていません。

ほかの曲輪に比べ建物が少ない理由

本丸への入口は南の一ノ門と、北にある北ノ門があり、一ノ門が大手、北ノ門が搦手(からめて)となります。堀尾氏が藩主であった頃の城郭の状況を示す『堀尾期松江城下町絵図』によれば、本丸南側に建物が多く配置されており、北側は端に建物が一棟あるだけです。二之丸や二之丸下ノ段など、ほかの曲輪と比べると明らか

乾櫓跡　写真の右側には北ノ門跡がある。本丸で石段があるのはこの櫓跡のみ。周辺にはおもな建物はなく、空き地になっていたことがわかる。

に建物が少なく、規模も小さかったことがわかります。本丸の中には御書院(ごしょいん)のような大規模な御殿はつくられていなかったのです。通常の城であれば、このように広い敷地の中に空き地が多いことは一般的ではなく、いくつかの曲輪に分割されることが多くあります。

延宝7年（１９６７）頃に記された『竹内右兵衛書(うへえかき)つけ』によれば、武具櫓の西側にかつて「家」があったと記し、この家は本丸御殿ではないかと考えられています。また、この家は廊下を通じて西側にある「御台所」とつながっていたようです。さらに北ノ門近くには、かつて「御薬蔵」と呼ばれる建物があったことを記しています。

松江城に堀尾氏が屋敷を構えたときの藩主は堀尾忠(ただ)晴(はる)でしたが、祖父の吉晴は北之丸に御殿を構えていたとされ、忠晴は本丸御殿、もしくは二之丸御殿を居所にしたと考えられています。そのため、建築当初は大規模な施設の建設を予定していたものの実現しなかった、もしくは建築したものの短期間で別の場所に移されたことが、本丸に建物が少なくなった理由であると推測されています。

城内 7

天守を守る第一の難関、集中攻撃を受ける「附櫓」

附櫓　天守前面に突き出して付けられた櫓。天守の防御力を高める役割を持つ。

石打棚で一網打尽にする天守の入口

いよいよ天守内へと歩みを進めます。本丸にそびえ立つ天守の入口にあたるのが「附櫓（つけやぐら）」です。

天守を見ると、全体的にやや黒く見えます。これは雨風をしのぐため、煤（すす）と柿渋（かきしぶ）でできた墨が塗られた「下見板張り（したみいたばり）」で、これが黒く見える原因です。

天守へと近づくと、附櫓の正面石垣の間に扉が見えてきます。鉄板張りになっている扉は頑丈で、敵兵の侵入を簡単には許さないつくりになっています。

また正面扉の左右の石垣の上部には、前方に突き出

松江城天守　天守台（石垣）は高さ約７メートル。あまり加工されていない石を積み上げたつくりになっている。

た壁があります。これが「石落とし」と呼ばれるもので、内部から物を落とすことができます。石垣の真下まで敵兵に接近された場合、ここから石や熱湯などを落とし、打撃を与えます。

天守内は土足厳禁なので、入口そばに備えつけられている袋に靴を入れて、天守内を見て回ります。附櫓に入るとすぐ右手に階段がありますが、階段を上る際に周囲を見回すと、空間に余裕があることがわかります。階段を上り切って振り向くと、それがよくわかります。これが「石打棚(いしうちだな)」と呼ばれるものです。

この空間に兵士を配置しておき、附櫓に入ってきた敵兵を鉄砲や弓などで迎撃するという形になっています。この石打棚は附櫓の南東のほか、地階の南東と南西の隅、合計3か所に設けられています。

石打棚　右側が入口になる。附櫓に入ってきた敵は、ここで四方八方から攻撃を受ける形になる。

武者窓と鉄砲狭間　上段の格子状の窓が武者窓で、下の四角い穴が鉄砲狭間。敵を一方的に狙い撃てる。

一方的に敵を撃つ「武者窓」

周囲を見回すと、目線の高さに窓があることがわかります。格子状になっている窓は、その隙間から鉄砲や弓で、外からやってくる敵を狙い撃ちます。これを「武者窓(むしゃまど)」といいます。

この格子をよく見てみると、格子の柱がひし形になっていることがわかります。正方形だと、隙間から鉄砲を構えたときに正面しか狙えません。しかし、ひし形だと、左右に角度をつけて狙うことが可能になります。

また武者窓の下や、周囲の壁の下側を見ると、小さなのぞき窓のような穴が開いています。これは鉄砲狭間で、ここから鉄砲を通して敵に攻撃を仕掛けられます。注意深く見ると、先ほど上ってきた階段のほうにも鉄砲狭間があることがわかります。

石打棚と鉄砲狭間によって、階段を上ろうとした敵は、まさに四方八方から攻撃を受けることになります。

のまま打ちつけるため、わざわざ「何の建物か」などと書くことはありません。

　また、祈禱札に書かれている「大般若経六百部」というものはそのままの意味で、大般若経が６００部読まれたことを示します。その前に「転読」とあるので、実際には省略して読まれたことがわかります。６００部の大般若経を読むことは、建物の完成を祝う儀式で行われることが知られています。

　そしてこれが最も決定的なものですが、この2枚の祈禱札には、どこかに釘で打ちつけられていたことを示す穴が開いています。松江市の調査により、その穴とぴったり一致する場所が判明します。それがこの天守地階にある柱でした。

　祈禱札には「慶長拾六年」「正月吉祥日」などという文字も書かれています。以上のことから、松江城天守は少なくとも慶長16年（１６１１）の正月以前に完成していたことが明確になり、国宝再指定の決め手となったのです。天守とともに2枚の祈禱札も国宝に指定されており、現在地階の柱に架けられているものは、レプリカによる再現です。

桐板の階段と引き戸

　祈禱札、井戸を左手に順路を進むと、正面には再び石打棚が見え、それを左に曲がると階段が現れます。幅は約１・６メートル、10段ほどの階段ですが、やや急な角度になっています。この階段は防火・防腐のため桐板でつくられています。

　階段を上り切って後ろを見ると、「階段の引き戸」と書かれた看板が目に入ります。地階から1階へのこの空間には引き戸があり、引き戸を閉めると、完全に封鎖することができたのです。

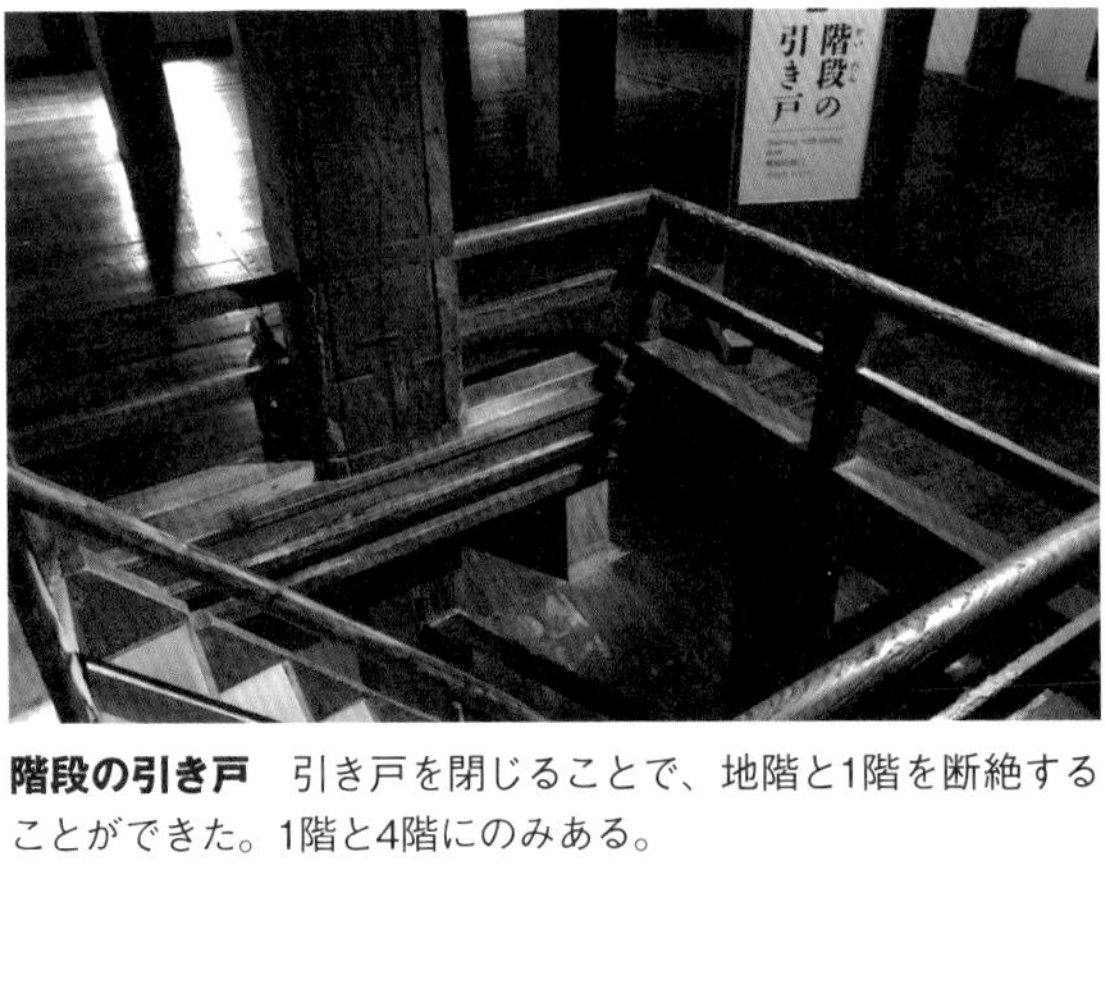

階段の引き戸　引き戸を閉じることで、地階と1階を断絶することができた。1階と4階にのみある。

天守を支える最大柱と包板の技法

階段を上って天守1階へとやってくると、辺りにはたくさんの柱が立っているのがよくわかります。なかでも、中心部の東西にある柱は天守最大柱と呼ばれ、そばにはそれを記した看板も立っています。

この2本の柱は地階、1階を貫くように立てられており、天守内で最大の柱になっています。祈祷札もこの柱の地階部分に打ちつけられていました。そのことから、かなり重要視された柱であることがわかります。

このように二層を貫く柱を「通し柱」と呼びます。二層ごとに通し柱を立てて、巨大な天守の荷重を分散させて強度を保っています。

天守最大柱　天守内で最大の大きさを誇る柱で、東西の2本がある。この柱の地階部分に祈祷札が打ちつけられていた。

通し柱は、たとえば姫路城の天守でも見られます。姫路城の天守は大きな通し柱2本で地階から6階までを支えていますが、松江城の通し柱は複数本の短い柱です。これは松江城の築城当時、全国各地で城の建造が行われていたため、大きな柱に使えるような木材の調達が容易ではなかったからだと考えられています。

1階にあるほかの柱を見てみると、天守最大柱にはない特徴が見られます。柱の一面、または二面、三面、はては四面すべてを板で覆ったもので、これを「包板（つつみいた）」といいます。

包板は柱に鎹（かすがい）（コの字形の金属で、ホチキスの針

包板　柱を板で覆い、剥がれてしまわないように鎹や鉄輪で締めたもの。柱の補強や見た目を整える意味がある。

状のもの）で打ちつけられており、一部の柱はさらにその上から鉄輪で締められています。これは柱の割れを隠すためや、柱自体の補強の意味があると考えられています。

天守にある３０８本の柱のうち、３割となる約１００本近くの柱に、この包板が施されています。しかし、これは築城当時のものではなく、後年に天守を修復した際に加えられたもののようです。この包板は、現存する天守ではこの松江城だけで見られる技法です。

富田城の木材をリサイクル

１階にはほかに、大きな木材がガラスケースに入れて展示されています。これは昭和の解体修理の際に新材と入れ替えられた古材です。１階の床梁（ゆかばり）に使われて

1階の柱　天守には308本もの柱がある。とくに1階部分には柱がたくさん立ち並ぶ。

彫込番付　効率よく組み立てるために付けられる符号。プラモデルのパーツ番号のようなもの。十ノ九下と彫られている。

天守1階の床梁に使われていた木材　分銅紋と富の字が刻まれており、富田城から運ばれたものではないかと推測される。

いたものですが、この木材にはある印が刻まれていました。それが松江城を築城した堀尾家の家紋である「分銅紋」と、「富」という文字です。

この「富」の文字は、堀尾氏が関ケ原の戦いのあとに居城とした、月山にあった富田城を表すと考えられています。この木材には、いかだを組んで運搬された痕跡も見られることから、松江城築城の際には富田城のものが転用されたのではないかと推測されています。

有志によって残された「太鼓」

時を知らせる太鼓　天守2階に展示された太鼓。もとは太鼓櫓にあって、時間を知らせていた。

2階に上るとさまざまな品が展示されています。なかでも目を引くのが、大きな「太鼓」です。

これはもともと松江城の二之丸太鼓櫓にあったものです。毎日、登城の時刻を知らせていたものですが、非常呼集の際にも使われていたようです。

明治の頃、松江城の廃城が決まった際に有志によって買い取られ、城下の阿羅波比神社へと寄進されました。そのおかげで、現在でもその姿を見ることができます。

復元には至らなかった千鳥破風

松江城を描いた絵図には、千鳥破風が描かれたものがあります。昭和の大修理の際には、2階に千鳥破風の痕跡が発見され、それを元に図面も起こされたそうです。

当時は文部省の技官も視察に

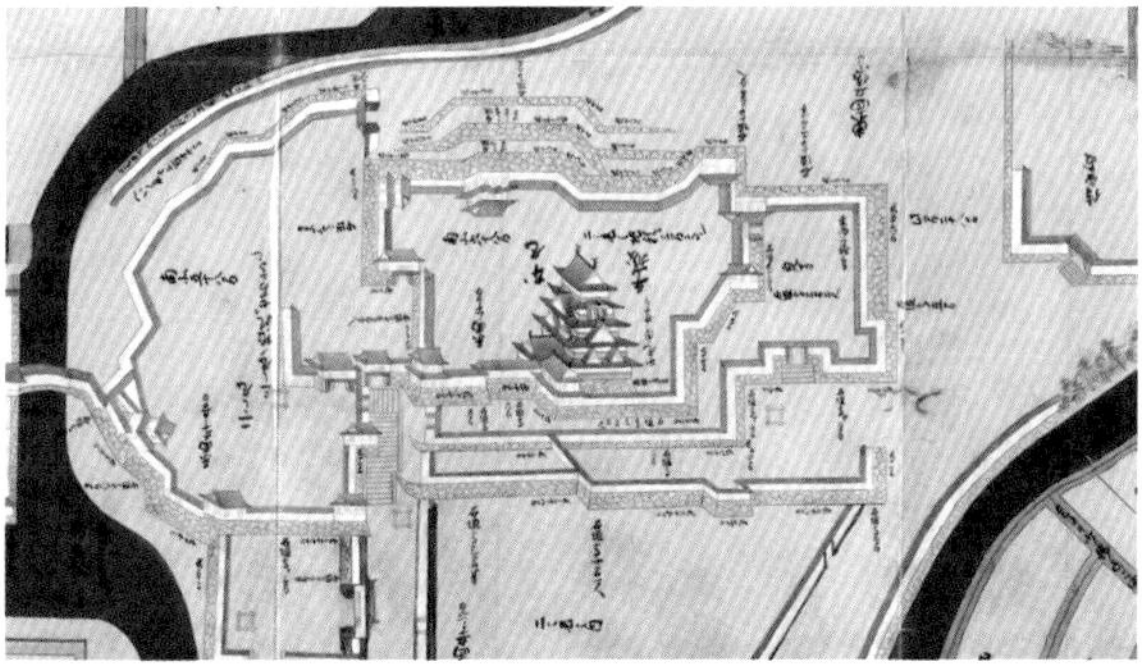

『出雲国松江城絵図』（部分）　現在の天守には存在しないが、かつて千鳥破風、唐破風が存在した様子がうかがえる。（国立公文書館蔵）

訪れ、その復元におおいに期待が寄せられていた様子がわかります。当時描かれた実測図と比べてみると、どうも屋根に納まらないため、千鳥破風の復元には至っていません。

昭和の大修理の際に残された「修理工事報告書」によると、「資料が乏しく結論に至らなかった」とあります。松江城の修理に関してはかなり慎重に進められていたことがわかります。

二層を貫く「通し柱」を実際に見られる場所

階段を上り3階へ到着したところで背後を振り返ってよく見ると、柱が2階と3階を貫いている姿を確認することができます。これが天守最大柱のところでも説明した通し柱です。

天守にある柱３０８本のうち、96本は通し柱になっています。実際に階層を貫いている様子を見られるのは、この部分だけです。

３階にはほかに「花頭窓（かとうまど）」が見られます。これまで説明してきたように、天守は実際に戦闘が起きた時のことを想定し、質実なつくりをしていることがわかります。

３階の南北にある窓は、戦略上優位に働くようなものではなく、単純に装飾を目的としたもののようです。花頭窓は寺社建築に多く見られるもので、それ

通し柱　2階と3階を貫く様子がわかる。3階に上る階段のこの部分でのみ見ることができる。

花頭窓　おもに寺社建築で見られるもの。実用性はなく、単純に飾りとしてつくられたと考えられている。

が天守に取り入れられたものと思われます。

殿様専用の「箱便所」

4階へと階段を上っていくと、上り口の左にもう1つ小さな上り口が設けられていることがわかります。これは藩主に従う小姓用のものだったようです。

さらに4階の西側中央には、「箱便所」と書かれた看板が立っており、その奥に、出っ張った空間が左右に2つあります。このうち左側の空間が、殿様専用の便所だったといわれています。この場所そのものが便所だったわけではなく、木製のもち運びが可能な便所が置かれていたと考えられています。

また、この場所には鉄砲狭間があります。この場所は西側破風の内側にあるので、高所から敵兵を狙い撃ちするのに最適な場所でした。

箱便所からすぐ右側を見ると、外側へと張り出した空間が見えます。松江城を描いた古い絵図には、この4階に唐破風が描かれています。

2種類の上り口　4階に上る階段の上り口には脇にも上り口がある。小姓用のものと考えられている。

箱便所　天守4階にある殿様専用のものと考えられる場所。

唐破風の跡　両脇の柱に、唐破風の跡が見受けられる。同じものが東西にあるので、天守東西に唐破風があった。

現在の松江城には唐破風はありませんが、この空間の両側の柱には唐破風の痕跡と考えられる貫跡が残っています。ちなみにこの痕跡は反対側の東側にもあるため、東西両側に唐破風があったと考えられています。

眺望をよくするために柱を削る

4階の四隅の梁を見上げると、そこからさらに柱が上に立っていることがわかります。この柱は5階の隅柱であり、通し柱でもあります。これまでも説明してきたように、長く太い心柱がない松江城では、こうして上階の荷重をうまく横方向にずらすことで、大規模な天守の建造を可能にしました。

梁の上の柱　天守4階で見られるもの。5階の荷重を横方向に逃がして分散させる役割を担う。

階段を上ると、いよいよ天守最上階の5階へたどり着きます。最上階は東西南北、どの方向にも視界が開けていて、城下町を360度展望できるつくりになっています。このように遠くを見渡せる望楼を頂いた天守を、そのまま「望楼型天守」といいます。そして松江城では、この5階を「天狗（てんぐ）の間」と呼びます。

4階と5階には合わせて33本の柱があり、そのうち12本が通し柱になっています。5階の柱はすべてきれいに製材されて、太さも均一です。

しかし、不思議なことに、じつは5階の柱は4階の

天狗の間　360度を見渡せる望楼型の天守。敷居や鴨居があるため、襖があったと考えらえる。

黒は地階・1階
黄は1階・2階
緑は2階・3階
赤は3階・4階
青は4階・5階

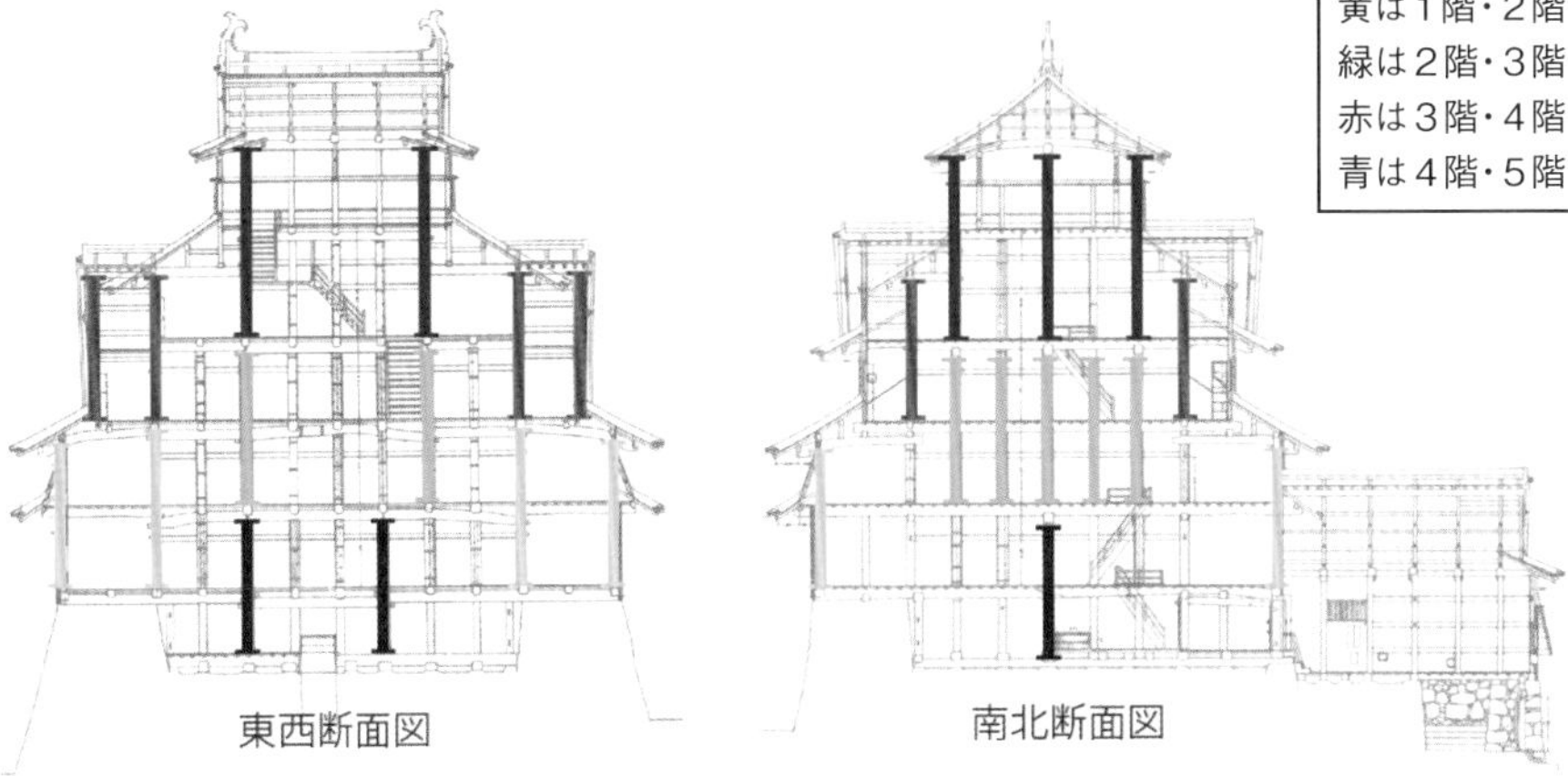

断面図　1〜2階、2〜3階というように交互に通し柱を建てることで重量を分散している様子がわかる。（『松江市史　別編1　松江城』より転載）

国宝指定書　天守最上階「天狗の間」にある国宝に再指定されたときの書の写し。原本は松江歴史館に収蔵されている。

柱より細くなっています。一見してはわかりづらいですが、4階の柱は直径が約30センチで、5階の柱は直径が約21センチになっています。

5階だけに使われている柱を細く削るのであれば簡単ですが、削られているのは通し柱です。なぜわざわざそのような工夫が施されたのか、詳しいことはわかっていませんが、同じように最上階の柱を削って細くしている天守があります。それが先ほども例に挙げた姫路城です。

姫路城の修理担当者はその工夫を、窓を大きくするためではないか、と説明しています。同様に、松江城の柱も眺望をよくするために削られたものではないかと考えられています。

城内 9

水にまつわる話が残る腰曲輪と中曲輪

枡形の石垣が残る「水ノ手門跡」

天守を出て、右（西）へ進み、整備された道を北へと向かいます。しばらくまっすぐ進むと、黒く塗られた柵と門が見えてきます。これをくぐったすぐ左手側に、「北ノ門」と書かれた柱が立っています。ここが「北ノ門跡」です。

北ノ門跡をあとにして、順路を進みます。ある程度は整備されていますが、土と石でできた道なので、足下に気をつける必要があります。

北ノ門跡　この門をくぐって左（西）側に北ノ門を示す柱が立っている。この先は緩やかな下り坂。

ほどなくして、石垣が見えてきます。ここを下っていくと大きな石段が現れます。この辺りが「水ノ手門跡」で、門の礎石が残っています。北ノ門跡から水ノ手門跡までの一帯は、かつて腰曲輪（こしぐるわ）と呼ばれていました。水ノ手門跡の周辺は枡形になっており、松江城の防御力を高める役割を果たしています。

水ノ手門跡　腰曲輪の出口にあたる場所。ここを上ると右に曲がり、さらに左に曲がらなければならないため、防御に優れている。

市民の手で復活した「馬洗池」

水ノ手門跡のすぐ左側（北）に池が見えます。これが「馬洗池（うまあらいいけ）」です。築城当時からあったといわれる場所ですが、その割には知名度が低く、隠れがちな存在となっていました。

かつてはその名のとおり、馬の体を洗ったり、冷やしたりするために使われていました。ところが月日を重ねるうちに、池の中にはアカミミガメやアメリカザリガニなどの外来種が増え、80センチものヘドロの層ができていました。平成30年（２０１８）から環境整備が行われ、現在はきれいな状態が保たれています。

また、水ノ手門跡のそばには「ギリギリ井戸跡」と書かれた柱がひっそりと立っています。築城当時、どうしても崩れてしまう石垣がありました。そこで築城を推し進めた堀尾吉晴は宮司を呼び、敷地内を調べさせています。

宮司がここを掘ってみろ、と崩れた石垣の一部を指しました。言われたとおりに掘ってみると、槍の穂先が刺さった骸骨が出てきました。これをしっかりと供養したことで、石垣は完成します。さらにこの場所を掘ると清らかな水が湧きだし、「ギリギリ井戸」と呼ばれて重宝された、という伝説も残っています。

ギリギリというのは方言で「つむじ」のことをいいます。これは穴の形がつむじ状だったからとも、この場所がちょうど城の中心あたりだからだともいわれています。

馬洗池　築城当時から存在する、馬を洗うための池。有志によって荒れていた環境が整えられた。

ギリギリ井戸跡　天守の北東にあったといわれるギリギリ井戸。今では痕跡はなく、それを示す柱が立っているのみ。

城内 10

隠居した藩主が住み、北西を守る「北之丸」

松江城の北西を守る土塁

馬洗池に沿って坂を下っていくと、左右に道が分かれた場所へ出ます。この正面の木々をよく見ると、地面が盛り上がっていることがわかります。

これは土塁です。松江城の堀石垣は、東は二之丸下ノ段から南の千鳥橋の橋台辺りまでで終わっています。東や南方向が城の正面といわれているので、石垣もそちらに限定されている形になります。このようになったのは、工事が遅れたためとも、幕府の規制によるものともいわれています。しかし、それではほかの場所が手薄になってしまうため、一部は土塁をつくって防御を高めました。松江城の西側、椿谷（後曲輪）とこの付近には、今でも土塁が確認できます。

土塁を正面に見据えて左（南西）へと歩いていきます。すると、左手（南）に大きな鳥居が見えてきます。これが「松江護国神社」です。

馬洗池そばの石垣　この石垣の最上段、右から4メートルほどの石に「安永八」と年号が刻まれている。

土塁　木々の奥をよく見ると、土が盛り上がっているのがわかる。

松江開府の祖の住まいがあった曲輪

昭和10年（1935）、「島根県招魂社（しょうこんしゃ）建設奉賛（ほうさん）会（かい）」が組織されます。そして、昭和14年（1939）3月13日に、現在の地に「招魂社」が建てられました。招魂社とは、幕末・明治維新の際に犠牲になった人たちを慰霊するため建てられた社のことです。

同年4月1日に内務大臣指定の松江護国神社となりました。しかし一時、名前を「島根神社」と改称、のちの昭和28年（1953）に再び松江護国神社の名称に戻され、現在に至ります。

まつられているのは戊辰戦争の際に亡くなった戦没者をはじめ、その後のいくつかの戦争で亡くなった出雲・隠岐地方出身の戦没者です、現在は2万2928柱をまつるに至っています。

松江護国神社の鳥居　松江護国神社の入口にあたる鳥居は珍しく、中心にスロープが整備されている。

大きな鳥居の中央には、コンクリートのスロープが設けられています。1つ目の鳥居をくぐり、階段を上っていくと、開けた場所に出ます。左手奥には満蒙開拓青少年義勇軍の碑があり、右手には再び鳥居が見えます。

鳥居をくぐると広い境内に出ます。参道のそばには黒地に赤文字で「大勝利祈願」と書かれたのぼりがいくつも立っていて、厳かな雰囲気を感じさせます。

松江護国神社のある場所は、かつて「北之丸」と呼ばれていました。築城当時は「上御殿（うわごてん）」と呼ばれていたようです。松江城の築城当時、松江開府の祖である堀尾吉晴が築城の陣頭指揮を執るために、この場所に屋敷を構えていたと伝えられています。吉晴の孫である忠晴は松江城の本丸御殿、もしく

大勝利お守り　全国でこの松江護国神社にだけある、「大勝利」と文字が刻まれたお守り。

は二之丸御殿に住んでいたようです。

北之丸では発掘調査が行われており、さまざまな遺構や遺物が発見されました。藩主が堀尾氏から京極氏、松平氏へと移り変わってもこの場所は健在だったようで、江戸時代の絵図などでは「侍屋敷」「別之邸」「出丸」と呼ばれていました。松平松江藩3代の綱近も隠居後、亡くなるまでの5年間をこの場所で過ごしたと考えられています。

稲荷神のお告げで建てられた神社

松江護国神社をあとにして、北方へと進んでいくと、ほどなくして赤い鳥居が見えてきます。ここが「城山稲荷神社」です。

社伝によると、創建は寛永16年（１６３９）で、前年に徳川家康の孫である松平直政が信州松本から移封となり、松江藩主として入国しました。

直政はかねてから稲荷大神（宇迦之御魂神）を信仰しており、これを出雲・隠岐の守護神としてまつるため、すでに城内にあった八幡社へ合祀します。そして、御城内稲荷八幡両社を建立しました。

城山稲荷神社の建立には、こんな不思議な話もあります。移封直後の直政の夢枕に、美少年が現れこう言いました。私はあなたがまつってくれていた稲荷の化身です。あなたと一緒に松江まで来ましたが、住む場所がありません。住む場所を建ててくれたら、あらゆる火事から松江を守りましょう、と。

そうしてお告げに従った直政は、稲荷社を建てたと

随神門　小泉八雲は門の両脇に鎮座する石狐を気に入っていたようだ。現在のものは有志によって復元された2代目。

城山稲荷神社　小泉八雲は通勤途中、散歩がてらによくこの場所に立ち寄ったという。

いうものです。実際にどうだったかはともかく、境内には数多くの狐の像が納められるなど、現在でもたくさんの人に親しまれています。そのなかには文豪である小泉八雲（ラフカディオ・ハーン）も含まれます。

また、大阪天満宮の天神祭、広島・厳島神社の管絃祭とともに、日本三大船神事に数えられるホーランエンヤの発祥の地としても知られています。ホーランエンヤは城山稲荷神社の式年神幸祭で、10年に一度、9日間にわたって行われる全国でも最大級の船神事です。

来た道を戻り、松江護国神社前の道を右（北西）へ進みます。しばらく歩くと、松江城の北西出口にあたる「搦手虎口跡」と、城山西堀川に架かる「稲荷橋」があります。本来なら重要な出入口の1つですが、城の正面側ではない、裏側に当たるこの門は、例に漏れず厳重な防御施設はなく、簡素なつくりだったようです。

随神門の初代狐像　小泉八雲が愛したといわれる随神門の初代狐像。現在は拝殿横に屋根付きで安置されている。

城山稲荷神社の狐像　明治時代には数千体存在したといわれる狐像。本殿の周囲をぐるりと取り囲むようにたくさん安置されている。

稲荷橋　搦手虎口跡そばにある、城山西堀川に架かる橋。

城下町とその周辺に寄り道

戦国屈指の防御を誇る出雲守護の月山富田城

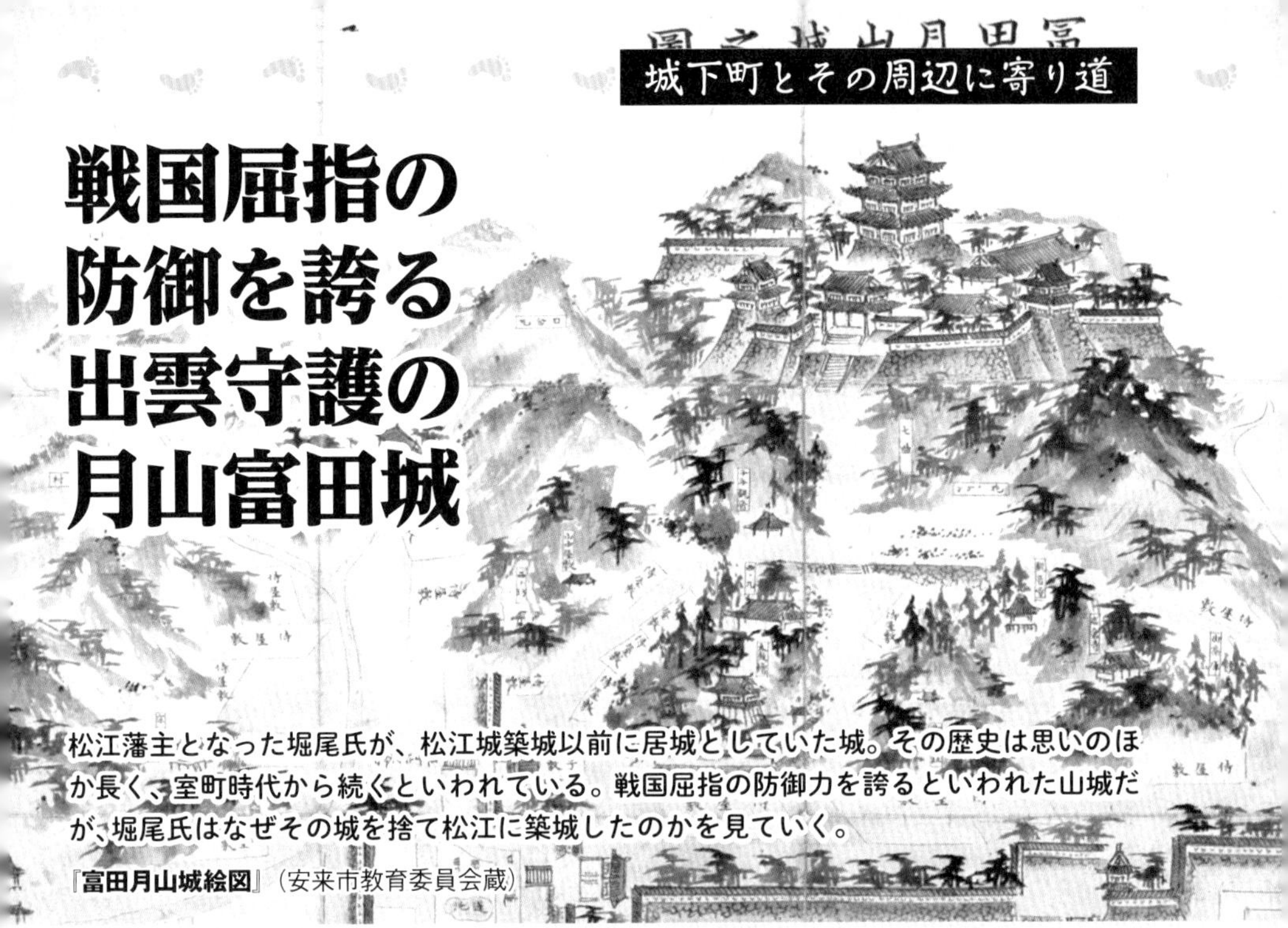

松江藩主となった堀尾氏が、松江城築城以前に居城としていた城。その歴史は思いのほか長く、室町時代から続くといわれている。戦国屈指の防御力を誇るといわれた山城だが、堀尾氏はなぜその城を捨て松江に築城したのかを見ていく。

『富田月山城絵図』（安来市教育委員会蔵）

最も古くは1391年の明徳の乱の直後につくられた『明徳記』に名が残る城

安来市広瀬町富田、飯梨川の東にある月山に富田城は存在しました。飯梨川はかつて富田川とも呼ばれていました。河川敷地内には富田川河床遺跡もあり、調査によって鍛冶屋や武家の屋敷跡、陶磁器などが発掘され、城下町の痕跡が認められています。

富田城はいつから存在し、どのような役割を担っていたのでしょうか。一説によると保元年間（1156～59）に平（藤原）景清によって築城されたという話がありますが、それを裏づける明確な史料はありません。最も古く文献に記されているのは、元中8年／明徳2年（1391）の明徳の乱の直後につくられた『明徳記』です。

月山富田城の全景　標高約185メートルの月山に築城された山陰支配の拠点となった城。

出雲守護代としての尼子氏が入城し最盛期を迎える

堀尾氏が入城するまで幾度も城主が変わった富田城ですが、最も栄えたのは室町時代、尼子氏が城主となっていた頃です。尼子氏は近江国の豪族である佐々木氏の流れをくむ戦国大名です。

太鼓壇 山中幸盛像の立つ場所は「太鼓壇」と呼ばれる。かつては太鼓を鳴らして時を知らせたり、兵士を招集したりしていた。

奥書院 かつて書院造りの館があり、ここで軍議などが行われたと考えられる。(安来市教育委員会提供)

花ノ壇 侍所と考えられる場所。発掘調査によって痕跡が発見され、平成8年(1996)に建物が復元された。

佐々木氏の子孫が京都の京極に住まいを移し、「京極」を名乗ります。そして京極氏の分家が、近江国尼子郷（現在の滋賀県犬上郡甲良町）に移り、尼子氏を名乗りました。

室町幕府のもとで、京極氏は出雲国の守護職を得ます。しかし京極氏は京都にいたため、出雲を支配する守護代として、尼子氏を任命します。こうして月山の富田城に尼子氏が入城しました。

尼子氏はゆっくりと確実に力をつけていきます。3代目である尼子経久は出雲地方の豪族をまとめ上げますが、文明16年（１４８４）に一度、守護代を罷免され富田城を追われます。しかしその2年後に富田城を奪還して、京極氏に替わり出雲守護となり、その後、戦国大名として主家から独立します。

尼子氏が最も隆盛を誇ったのは尼子経久の孫である、晴久の時代です。天文21年（１５５２）、時の将軍・足利義輝より出雲国・隠岐国・因幡国・伯耆国など8か国の守護に任命され、全国でも上位の大名となります。それに伴って、将軍の渡御や酒宴などにつき従う有力大名だけが務める「御相伴衆」にもなりました。

しかし、すべてが順調だったわけではありません。周囲の諸大名、大内氏や毛利氏などと幾度もぶつかり合いを繰り返していました。

関ケ原の戦いを転機に台頭する堀尾氏

天文9年（1540）、尼子晴久が毛利元就を討つために、3万人の軍勢を従えて富田城を出発。安芸国郡山城（現在の広島県安芸高田市）を攻めます。

郡山合戦（吉田郡山城の戦い）と呼ばれたこの戦いは翌年、晴久の敗退で決着します。天文11年（1542）には大内氏と毛利氏の連合軍が富田城を襲います。しかし、そこは戦国屈指の防御力を誇った山城で、見事にこれを迎え撃ちます。

しかし、尼子氏にもついに最後の時が迫ります。永禄5年（1562）から続く毛利氏の富田城攻めに、永禄9年（1566）には開城し、降伏します。その後は毛利氏が富田城に入城しました。

ところが、毛利氏の時代も長くは続きませんでした。転機が訪れるのは慶長5年（1600）、関ケ原の戦いです。

毛利元就の孫、輝元は徳川家康率いる東軍に対して、石田三成率いる西軍に総大将として参加します。しかし、西軍は敗北し、当然、総大将を務めた毛利氏の処分は免れませんでした。これまで安芸国、備後国、出雲国、隠岐国、石見国、周防国、長門国の7か国に伯耆・備中両国の西半分を加えた120万石を領地にもっていましたが、周防国、長門国の2か国、36万9

山中御殿平　約3000平方メートルの広さをもつ場所で、周囲は石垣で囲まれている。（安来市教育委員会提供）

七曲り　山中御殿平から山頂へと続く、つづら折りの細い軍用道。七曲りというが、実際には11か所曲り角がある。（安来市教育委員会提供）

本丸跡地　幅約20メートル、長さ約170メートルの曲輪。（安来市教育委員会提供）

000石まで減らされてしまいます。

毛利氏は出雲国を没収されたので、出雲からは出ていかなくてはいけません。そしてその代わりに出雲国と隠岐国を任されることになったのが、関ケ原の戦いで徳川方についた堀尾忠氏でした。

富田城を離れ
現在の松江の礎を築いた堀尾吉晴

関ケ原の戦いのあとに、堀尾吉晴・忠氏父子が富田城へ入城します。しかし、2人はすぐに新しい城を建てる場所を探しはじめました。富田城はとても堅固な城なのに、なぜわざわざ新しい城をつくろうとしたのか。それにはいくつか理由があります。

富田城のある月山は確かに防御に優れていましたが、目の前に月山より280メートルほど高い京羅木山（きょうらぎさん）がありました。その山を敵に陣取られてしまうと、富田城がよく見えて、動きが丸わかりです。

また富田城のある広瀬は山々に囲まれて平地が少なく、広い城下町を構えることが困難でした。さらに当時、豊臣秀頼が大坂城にいたため、いつまた戦（いくさ）になるかわかりません。

そのため南を宍道湖、北を山々、東西を足場の悪い沼地と深田（ふけた）に囲まれ、天然の防御に優れた場所、松江を新たな拠点として選んだのです。この地は関ケ原の戦いの約100年前にはすでに港町が栄えていたことも理由の1つでした。

こうして松江に新たな城を築くことになりましたが、場所を選定する前に堀尾忠氏が病死してしまいます。そして、すでに隠居していた堀尾吉晴が息子に代わり指揮を執り、慶長12年（1607）に松江城の築城が開始されます。翌年には築城途中の松江城に居を移し、慶長16年（1611）に松江城が完成しましたが、同年、吉晴は亡くなります。その後、吉晴の孫の忠晴が、松江2代藩主として出雲・隠岐両国を治めることになりました。

尼子経久の墓　洞光寺の境内にある、尼子氏3代目経久の墓。父である清貞の墓も並んでまつられている。（安来市教育委員会提供）

Part 2

松江の城下町を歩く

松江堀川めぐり

城下町地図

一部は埋められてしまったものの、松江の城下町には非常に多くの堀が通されており、町の構造とも深く関わっている。松江城は東が大手側となるため、「三之丸」や「城東」に藩政の中枢が集中していた。北田川を渡った「城北」にも武家屋敷はあったものの、武士の生活を支える町人地と混在するようなところも見られる。京橋川の南は城下町の玄関口でもあり、商業地として栄えた「末次」「白潟」がある。城北や白潟、「城西」の城下町外縁部には、はっきりとした寺町も見られる。

コラム
出雲大社
➡136ページ
城西
➡114ページ
四十間堀川
四十間堀・
薬研堀の碑
三之丸中堀
石垣跡
三之丸
➡90ページ
北田川
松江城
松江歴史館
島根県庁（本庁舎）
筋違橋
幸橋
末次・京店
➡96ページ
大橋川
松江しんじ湖
温泉駅
一畑電車北松江線
宍道湖
白潟公園
N
コラム
玉造温泉
➡110ページ
500m
200m

城下 1

県政の中心地として活用される「三之丸」

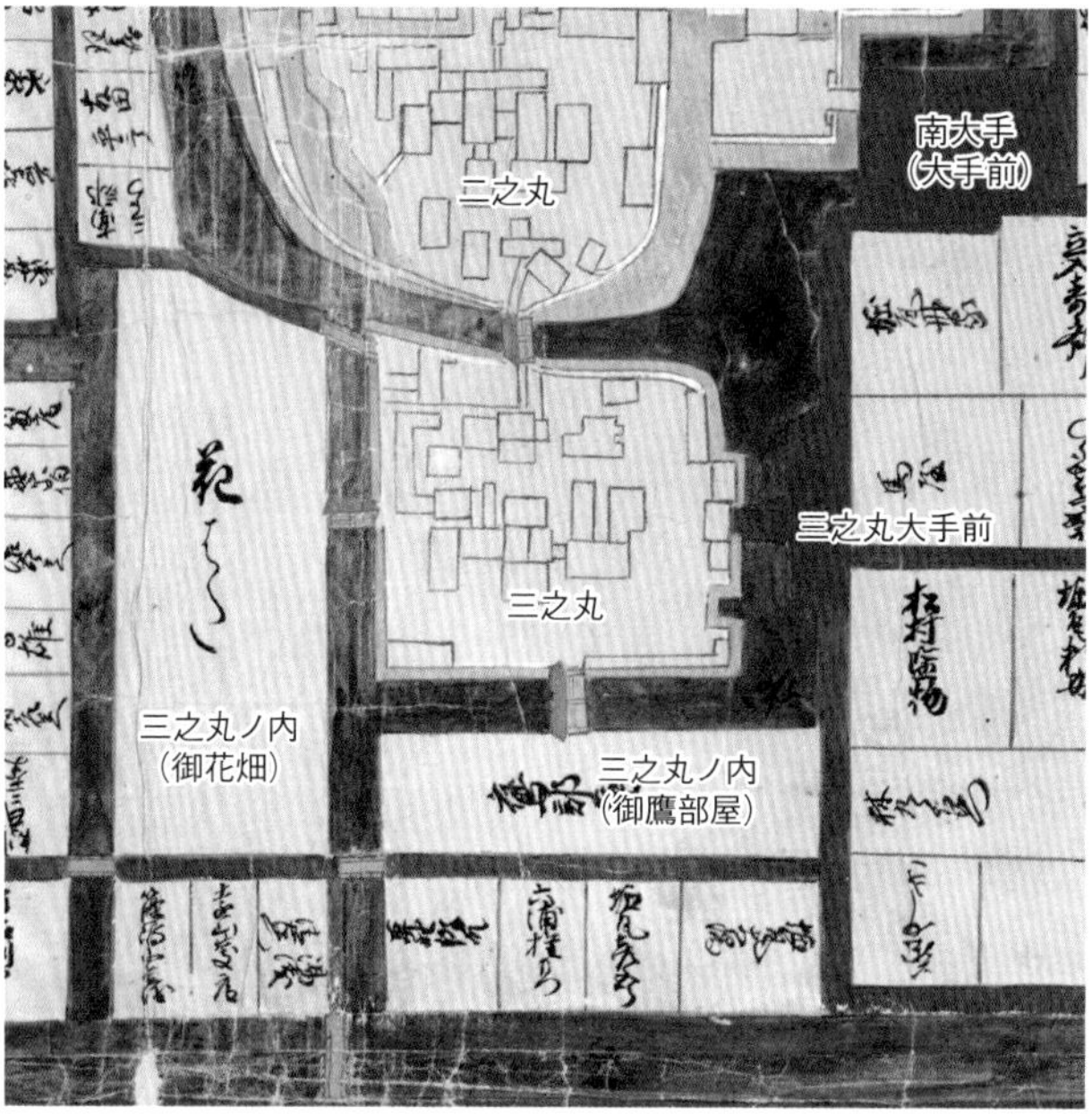

『堀尾期松江城下町絵図』（部分）　寛永5年（1628）から同10年（1633）に描かれたとされる絵図。三之丸が内堀に囲まれていることがわかる。（島根大学附属図書館蔵）

藩主住居地は二之丸から「三之丸」へ

松江城は、宍道湖東岸の低丘陵地「亀田山」の南端に建ちます。丘陵の中央最高所に本丸、その南の一段低い場所に二之丸が築かれています。工事が始まったのは慶長12年（１６０７）であり、慶長16年（１６１１）に天守落成の祈禱が行われているので、この頃までには城内の各曲輪や、城下町の整備も一応の区切り

松江城三丸旧趾碑　県本庁舎の敷地の北東端に立つ。

がついたものと考えられています。

本丸・二之丸のある亀田山から、南に突き出るような形で三之丸が整備されていきます。三之丸の敷地は、東西128メートル、南北111メートルのほぼ正方形をなしており、北を内堀、東西南を中堀で囲まれていたことがわかっています。

明治8年（1875）に松江城の廃城が決まったのち、三之丸跡はほかの城地と異なり島根県の敷地となって、県政の中心地として活用されてきました。現在は島根県庁本庁舎や県議会議事堂などの県庁関連施設が建っています。ここでは、殿町の島根県本庁舎から三之丸の痕跡を探していきます。

三之丸に架かった「御廊下橋」

島根県本庁舎の敷地北東端、堀沿いの辺りに「松江城三丸旧趾」の石碑が立っています。この石碑から北を見上げると、二之丸の「南櫓」が見えます。

松江を開いた堀尾氏と、次に藩主となった京極氏は、基本的には二之丸御殿に住み、政務を執り行っていました。しかし、延宝3年（1675）に藩主となった松平綱近の治世に、藩主の住居は三之丸御殿へ移され、政務も三之丸で行われるようになります。

三之丸は東が大手側となるため、御殿の東側を表（政務を執る部屋）とし、西側に奥（藩主が居住する部屋）が配置されていました。史料には「上御殿」「御書院」「御寝所」「奥御殿」「奥新座敷」「大奥御殿」などの記述があり、これらの建造物が集まって、三之丸御殿を形成していたと考えられています。

千鳥橋（御廊下橋）

松江城三丸旧趾碑から西へ、堀沿いに歩いていくと、松江城南門につながる木橋「千鳥橋」が見えてきます。この「千鳥橋」は御廊下橋と呼ばれる屋根つきの橋でした。藩主が雨の日でも濡れることなく二之丸と三之丸の間を往復するために、橋に屋根が設けられていたといわれています。

御茶屋や御殿があった「御花畑」

二之丸へと通じる千鳥橋の約60メートル西側、県本庁舎の敷地の北西端に石垣が突き出た部分があります。江戸時代には、三之丸の西側に位置する「三之丸ノ内」へとつながっていた「助次橋」の橋脚跡です。今はすぐ南に「緑樹橋」が架かっています。江戸時代には、さらに南に「御廊下橋」ありましたが、現存しません。

三之丸は先ほど述べたとおり四方を堀に囲まれていましたが、堀を渡った西と南に三之丸ノ内という曲輪が付随していました。このうち西側は「御花畑」とも呼ばれる薬草園でした。なお、南の三之丸ノ内は「御鷹部屋」と呼ばれ、藩主が鷹狩りに用いる鷹の飼育や訓練などを行う場所でした。

中堀　緑樹橋から南を撮影。中堀の多くが埋め立てられた。川幅が狭くなっている部分ももとは中堀だった。

緑樹橋の北側には、江戸時代、助次橋が架かっていた。三之丸石垣が基礎として使われている。

緑樹橋を渡ると右（北）に島根県立図書館、左（南）に県庁駐車場が見えてきます。この辺りがかつての御花畑の北端です。

御花畑には薬草園だけでなく、藩主の家族の屋敷や御茶屋、池、引堀、馬場などもありました。松平松江藩９代藩主の松平斉貴（なりたけ）の頃に御茶屋は取り壊され、斉貴が隠居したのちの住居として「観山（かんざん）御殿」が建設された記録が残っています。

明治に入ると御花畑の景観は激変します。明治11年（１８７８）、御花畑の跡に松江監獄署（のちの松江刑務所）が置かれ、牢獄や懲役場として使用されるようになりました。

松江刑務所は昭和

41年（１９６６）まで使用されました。その跡地には、昭和43年（１９６８）に県立図書館、昭和45年（１９７０）に県立武道館が建設されました。そのため御花畑の遺構は発見されていません。なお、図書館や武道館、三之丸南側にある県庁第三分庁舎（県公文書センター・竹島資料室）は、戦後日本を代表する建築家の菊竹清訓（きくたけきよのり）が手掛けています。

緑樹橋の南側の中堀は、松江城周囲の堀を小船でめぐる「ぐるっと松江堀川めぐり」のルートとなっています。松江堀川とは、松江城築城の際に、内堀・中堀・外堀として開削された水路の総称で、城下東西を流れる京橋川も含まれます。京橋川は、西は四十間堀川と接続し、東側は大橋川に抜けるよう通された水路です。

中堀沿いに南へ歩くと、途中から第二次世界大戦後、埋め立てられた中堀の上を歩くこととなります。そして「県庁南入口」交差点を左折（東）し、県道２２７号線を進みます。

埋め立てられた「中堀」

県道２２７号線の左手（北）には島根県庁第三分庁舎などが建ち、右手（南）には島根県警察本部、島根県庁南庁舎、島根県市町村振興センターが並びます。北側（左手）の島根県庁第三分庁舎のある一帯が、江戸時代に御鷹部屋が設置されていた場所です。幕末には、松江藩最後の藩主松平定安（さだやす）の養子松平直応（なおたか）の邸宅があり、明治５年（１８７２）に開庁した初代県庁はその邸宅に置かれていました。

島根県庁第三分庁舎

島根県庁第三分庁舎の北には、緑地帯が広がっています。中堀を埋め立ててできた公園で、「松平直政（なおまさ）公騎馬像」が立っています。徳川家康の孫にあたる直政は、慶長19年（１６１４）の「大坂冬の陣」に参戦し、大きな武功を挙げたとされています。この騎馬像は、真田丸を攻める直政の勇姿を表現したものです。

また、敷地内に三之丸跡の「遺構表示・説明板」が設置されています。ここは、島根県が平成27年（２０１５）に実施した発掘調査の際に中堀の石垣が見つかった場所です。説明板には、この石垣は、三之丸南側の石垣が堀に張り出した部分にあたる、と記されています。三之丸南東の中堀は、昭和24年（１９４９）以降に埋め立てられたため、約70年間、その存在がわからない状態でしたが、このときの発掘調査でようやく確認できました。

このように、三之丸跡には明確な遺構はそれほど残されていないものの、政治の中心という土地利用は継承しており、縄張の名残も見て取ることができます。

中堀遺構の発見地　遺構は埋め戻されているものの、砂利で発見された石垣の場所が示されている。

松平直政公騎馬像　馬上の直政の顔は松江城の方角（北）を向いている。

城下 2

商業地の面影を残す「末次・京店界隈」

町人地と武家地の境「京橋川」

宍道湖の北東に位置する末次地区は、戦国時代には対岸の白潟（１３０ページ）とともに商業地として発展します。堀尾氏はこの末次地区にあった商業地を、そのまま取り込む形で城下町を計画したと考えられています。武家地を堀と京橋川で囲むような町割りがされたため、京橋川が武家地と町人地の境となり、末次地区は京橋川と南の大橋川に囲まれる地区となりました。

末次地区には江戸時代にも職人や商人が住み、彼らが物資の運搬に京橋川を使ったため、京橋川沿いの要所に船着き場がつくられることとなりました。

昭和初期までは、染物職人が京橋川の清流で染物の染料を落としたり、女性が洗濯をしたりする風景が見られたとも伝わります。ここでは歴史が息づく末次・京店界隈を「筋違橋」周辺からめぐります。

京橋川　京橋川の石垣による護岸は、城下では早い段階になされた。

直進しようとする敵を妨ぐ「筋違橋」

筋違橋は、末次地区北西の京橋川に架かっており、江戸時代からこの場所にありました。橋のそばに船着きの遺構が残っています。筋違橋という名前は、敵の侵入を防ぐために、道とは筋違いに橋を架け、直進できないようにしたことに由来します。橋の傍らの説明板には、橋を落として敵を渡らせないようにするため、橋は破壊しやすいつくりになっていた、と記されています。

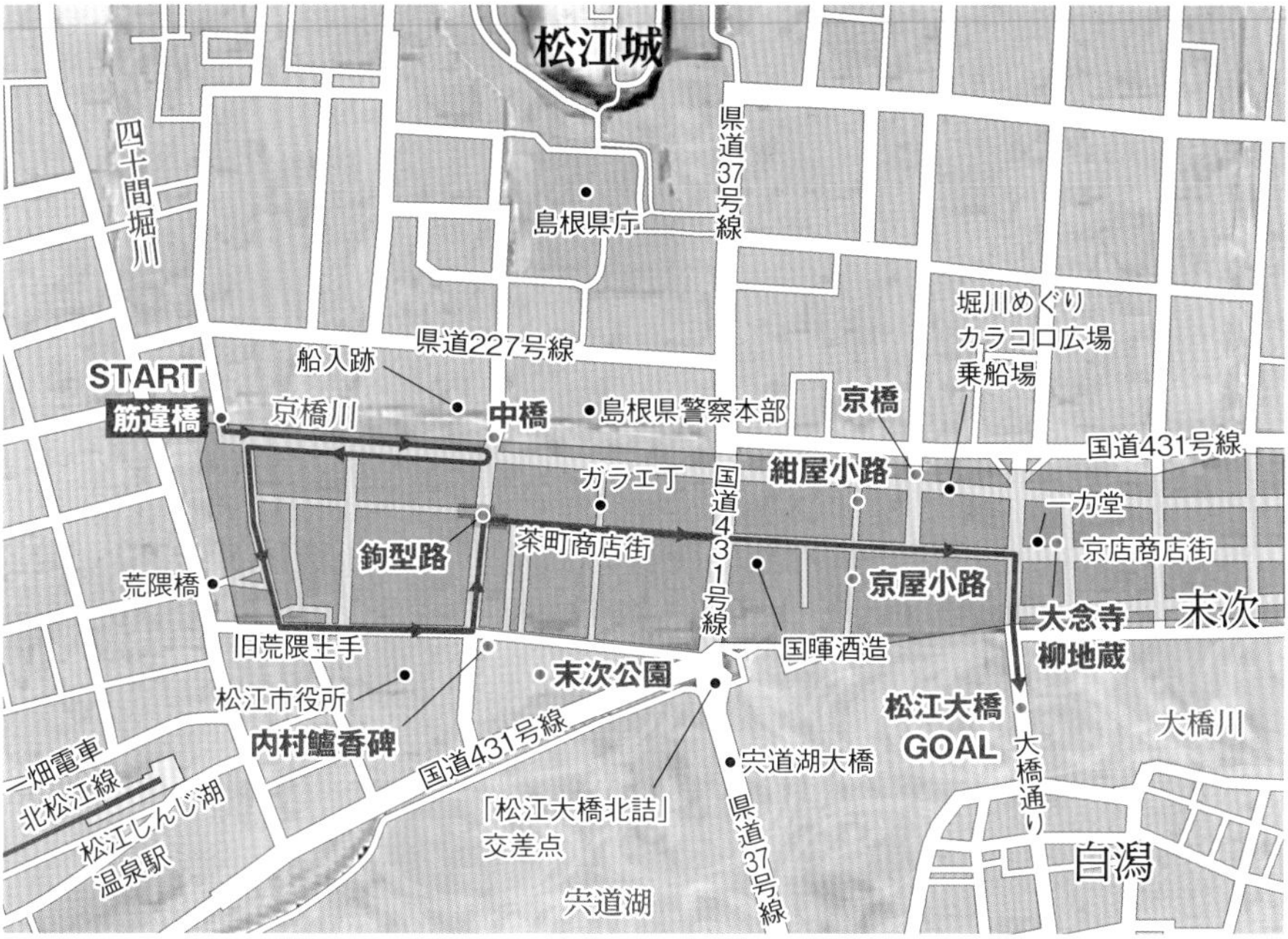

また、橋の南側には、敵を寄せ集めて北側から弓や鉄砲で攻撃するための「矢溜」と呼ばれる広場、橋の北側には、橋を渡った敵を狙い撃ちする「勢溜」と呼ばれる広場が、それぞれ設けられていました。宍道湖側からの敵の侵入を警戒していたことがわかります。

筋違橋から南に進むと、道が緩く左（東）に曲がっていて、その先が二股に分かれています。正面の道を京橋川に沿って約200メートル進むと「中橋」にた

筋違橋　道とは筋違いに橋が架けられているため、敵が直進できないようになっている。橋のそばに川に降りる石段が残っている。

京橋川沿いには、このように護岸が一段低くなっている場所がしばしば見られる。

どり着きます。中橋の手前から京橋川の北岸を見ると、川には降りられないものの、石垣が最も低い部分に家が建っています。かつて武家屋敷の中に設けられた船着き場「船入」の痕跡です。堀川めぐりの船上からも見ることができます。

末次灘と権現灘を埋め立てた「末次公園」

二股の分岐路まで戻り、南に向かう道を進みます。１５０メートルほど歩くと正面に小さな堀川が見えてきます。外堀の１つ「四十間堀川」の一部です。ここまで歩いてきた道と並行して流れていて、「荒隈橋」をくぐった辺りで東に曲がり、さらに松江市役所の裏で南に曲がって宍道湖とつながります。

荒隈橋という呼び名は、江戸時代に四十間堀川を宍道湖と結ぶために開削された「荒隈土手」にちなんでいます。この付近にはかつて「末次灘」と呼ばれる堤防がありました。

末次公園　末次灘から権現灘を埋め立て造成された公園。かつては運動場やプール、競輪場が設置されていた。

四十間堀川とぶつかったところで左折(東)し、松江市役所の北側を進みます。右手(南)に「末次公園」が現れます。この広々とした公園は、末次灘と、その東側の「権現灘」を埋め立てた地です。明治末期、旧町村の中心集落の発達により人口が増えはじめたため、松江市は末次灘と権現灘の埋め立てを計画しました。大正４年（１９１５）と大正10年（１９２１）に、併せて約７２００平方メートルの末次埋め立て地を造成します。この埋め立て地は運動場やプール、競輪場が設置されたのち、末次公園として整備されました。

内村鱸香碑　末次公園に設置された碑と案内板。庶民教育に生涯を捧げた郷土の偉人の功績をたたえている。

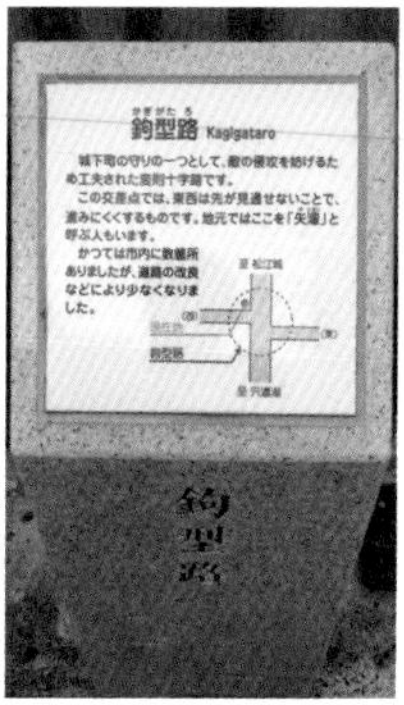

鉤型路　松江市内に多く設けられており、藩主が実戦を想定して軍事的な設計をしていたことがわかる。

その末次公園の角地に、漢学者であり教育者でもある郷土の偉人・内村鱸香（うちむらろこう）の功績をたたえる「内村鱸香碑」が立っています。鱸香は、現在の松江市中原町の油屋に生まれ、江戸幕府直轄の教育機関「昌平坂学問所」で学んだのち、松江藩校の儒学教師を務めました。元治元年（1864）には、松江藩主父子の学問相談相手に任命されています。また、近くの西茶町に家塾「相長舎（そうちょうしゃ）」を開き、庶民教育に情熱を注ぎました。

内村鱸香碑から北へ約80メートル進むと、最初の交差点に変則十字路の「鉤型路（かぎがたろ）」が現れます。鉤型路とは、微妙な筋違いにより直交していない道路のことです。先に紹介した筋違橋と同じく、敵の侵入を防ぐために設けられたものです。

昔ながらの小路が残る茶町界隈

鉤型路を右折（東）すると「茶町（ちゃまち）商店街」に入ります。松江城築城の際、巨石を湖岸の権現灘へ陸揚げしたのち、この地まで引き、さらに本丸へと運んだといわれています。

末次地区の町人たちは、作業にあたる人々を励ますため、4か所に餅茶屋を設け、女中たちが餅や湯を振る舞いました。そこからこの地区が「茶町」と呼ばれるようになったとのいわれがあります。それ以降、茶町は各地から届く荷物が荷揚げされ、労働者や商人でにぎわったそうです。

末次地区の町人地の特徴は、昔ながらの小路（しょうじ）が多く残っていることです。この地の小路とは、東西に延びる町並みを南北に貫く細い路地を指します。

茶町商店街の最初の交差点から京橋川へと向かう小路「ガラエ丁」もその1つです。ガラエとは、タンガラ染の「柄絵屋」、または竹を敷いて物資を運んだ際に出る「ガラガラ」という音に由来するといわれています。

「京屋小路」と「紺屋小路」

茶町商店街を西から東へ進むと国道431号線と交差します。これを横断するとすぐに「国暉酒造」が右手（南）に見えます。格子戸が印象的な町家は、文化5年（1808）に発生した西茶町の大火後ほどなくして建てられた松江市登録歴史的建造物です。

さらに東へ50メートルほど進むと左手（北）の小路の路肩に、説明板が立てられています。この地点から南側にある大橋川河岸に至る通りが「京屋小路」、反対に北側にある京橋川岸へ至る通りは「紺屋小路」と記されています。

京屋小路の「京屋」は、江戸時代にこの通りに塩で財を成した豪商・京屋萬五郎の大店があったことにちなんでいます。そのことから、京屋小路は江戸時代からあった古い小路であることがわかります。

一方、紺屋小路は平成8年（1996）に完成した新しい通りで、京橋川の南側、現在の片原町にあった染物屋「紺屋」にちなんで名づけられました。石畳の中にハートマークが刻まれていることから、「ハートの石畳」とも呼ばれています。

この2つの小路は、茶町商店街と「京店商店街」の境に位置します。松平松江藩5代藩主・松平宣維は、京から親王の娘・岩姫が嫁いできた際、京の都を再現した町並みを建設して岩姫を慰めたといわれ、それが

京屋小路・紺屋小路　茶町商店街から北に延びるのが紺屋小路、南へ延びるのが京屋小路。

茶町商店街　松江城の石を運ぶ人夫に餅や湯を振る舞った餅茶屋を起源とする歴史ある商店街。

京店商店街の始まりとされています。紺屋小路・京屋小路の表示から東へ商店街を40メートルほど進み、左折すれば「京橋」が現れ、橋に向かって東側に堀川めぐりの「カラコロ広場乗船場」があります。

京店商店街は、松江大橋北詰の交差点を渡った先までつながっています。交差点を渡るとすぐ北側に見えるのが、創業260年の歴史を誇る「一力堂(いちりきどう)京店本店」です。江戸時代に松江藩御用菓子を製造していた老舗和菓子店として有名です。

一力堂京店本店の2軒隣に建つ3階建てビルの1階は、「柳地蔵」が鎮座する「大念寺(だいねんじ)」です。柳地蔵は「大橋地蔵」とも呼ばれ、室町時代から地域の守り神であったといわれています。

松江大橋北詰の交差点に戻り、大橋通りを南へ60メートルほど進むと「松江大橋」に到着します。松江で「大橋」といえば、江戸時代からこの橋でした。堀尾氏が慶長13年（1608）に架けた初代の大橋は、末次地区と南の白潟を結ぶ唯一の橋でした。現在の大橋はそこから数えて17代目にあたり、昭和12年（1937）に完成しました。「日本百名橋」に選出されています。

大念寺　3階建てのビルの1階に「柳地蔵」が鎮座する。

京店商店街　茶屋商店街と並ぶ松江を代表する商店街。近年は「レトロ商店街」として人気。

松江大橋　大橋川に架かる松江大橋。その親柱には「大橋」と刻まれている。

城下町の風情が色濃く残る武家地「城北地区」

城北には武家屋敷と古刹が集まる

「松江開府の祖」堀尾吉晴は松江城築城にあたり、城地の亀田山と北側にある小山の「赤山（あかやま）」の間を切り崩し、この間に堀（北田川）と道を通して武家地を整備しました。その背後の丘陵地には、防衛を固める目的で寺院が配置されました。武家屋敷や松江藩ゆかりの古刹、武家生活を支える町人地など、「城北地区」には城下町の風情が色濃く残ります。

ここでは松江城の東側に建つ「松江歴史館」前から歩を進めます。同館は、江戸時代後期の松江藩家老・朝日家と、同じく家老・乙部（おとべ）家の屋敷跡に、平成23年（2011）に開館しました。市の指定文化財で今に伝わる朝日家の長屋や武家屋敷風の外観が特徴です。

武家屋敷が並んでいた「塩見縄手」

松江歴史館から北田川に架かる宇賀橋（うがばし）を渡って左折（西）し、県道37号線を歩きます。島根県知事公舎の塀に沿って200メートルほど進むと、右手（北）に白壁の塀が見えてきます。この通りは「塩見縄手（しおみなわて）」と呼ばれ、江戸時代にはこの周辺に500石から1000石取りの中老格やそれ以下の藩士の屋敷が並んでいました。

松江歴史館　武家屋敷を模した外観で、外壁は松江城の堀などでも見られる漆喰塗りと下見板張り。下は再現された隅櫓。●ぐるっと松江レイクライン「大手前堀川遊覧船乗場・歴史館前」バス停より／松江市殿町279

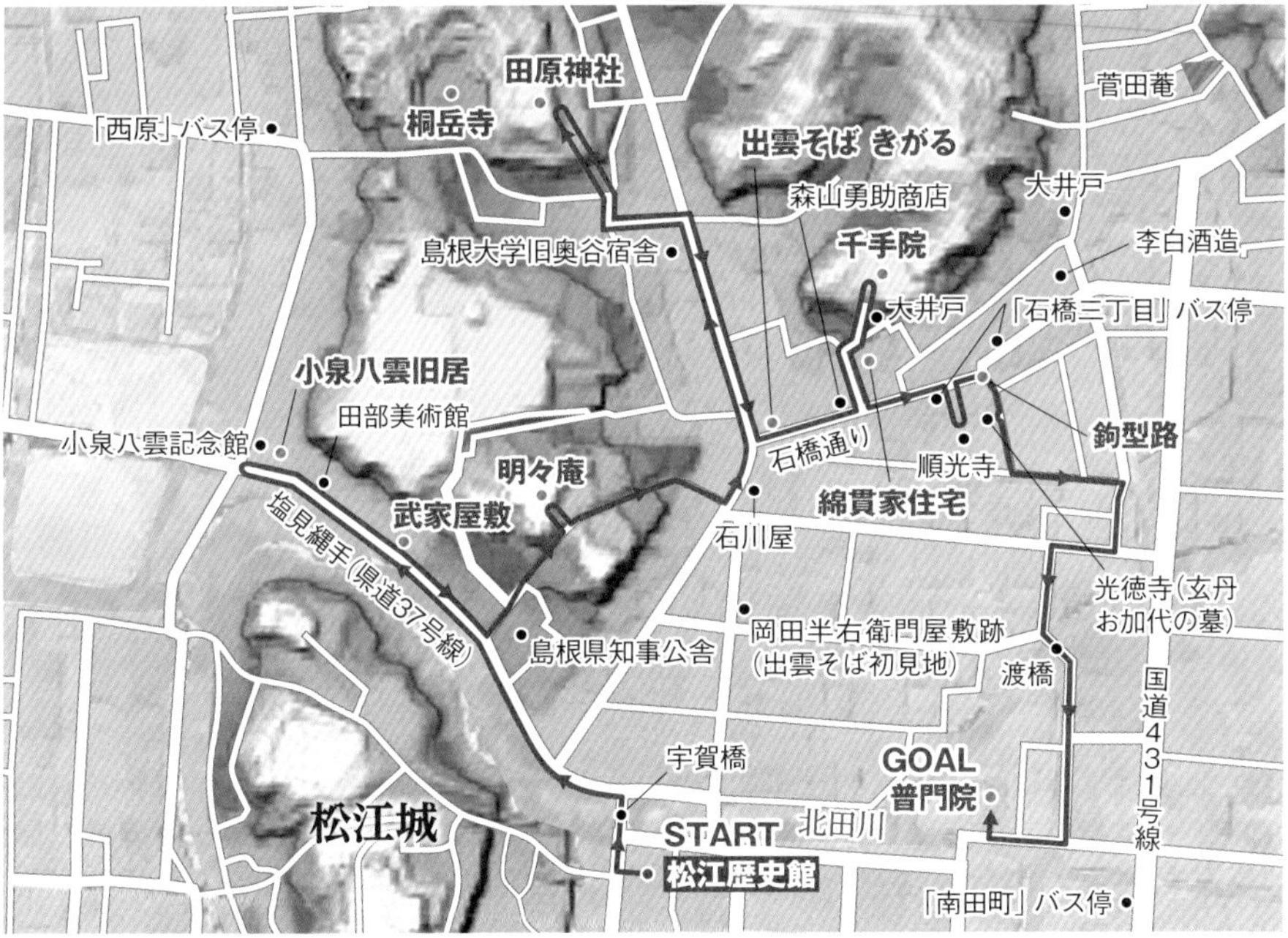

塩見縄手の塩見とは、この通りの中ほどに現存する松江市指定文化財の「武家屋敷」に一時期住んでいた塩見小兵衛の名前に由来します。のちに中老にまで出世した塩見小兵衛の栄進をたたえ、この通りを塩見縄手と呼ぶようになったとも、城が望める城見縄手とも

塩見縄手　江戸時代に中級の武士が屋敷を構えた地区。見学できるのは通りの中ほどにある武家屋敷と小泉八雲旧居のみ。

Y字路角には「石橋跡」の説明板がある。江戸時代に物資を運んだ奥谷川は現在、この道路の下を流れている。

石川屋　町家建築の長屋で営業する鮮魚店。店舗は明治30年（1897）頃の建築と推定され、松江市登録歴史的建造物に登録されている。●ぐるっと松江レイクライン「塩見縄手」バス停より／松江市石橋町3

り崩して道を通した名残です。少し進むと茶室「明々庵」の看板と、茶室に至る階段が見えてきます。

高台にある明々庵は、「大名茶人不昧公」として名高い、松平松江藩7代藩主・松平治郷が安永8年（1779）に建てた茶室です。昭和41年（1966）に現在地へ移築され、現在は見学できるようになっています。城見台からは、障害物なく松江城を望むことができ、景勝地としても人気です。

武家生活を支えた町人地「石橋町」

明々庵のある高台から、細い道を北東へ進みます。100メートルほど歩くとT字路にぶつかります。正面に長屋造りの鮮魚店「石川屋」と洗張専門店「米江洗張店」が見えます。洗張とは、着物の糸を全部抜いてもとの布の状態に戻して洗い、また縫い合わせて着物に直す洗濯方法のことです。

ここから「石橋町」に入ります。江戸時代の石橋町は武士の生活を支えるために、武家地の中に設けられた町人地で、現在は暗渠となっている奥谷川という川が流れ、荷物を積んだ舟が行き交っていました。石橋という地名は、かつて大きな石橋が架かっていたことに由来します。

石川屋から北へ50メートルほど進むとY字路が現れ、右側（東）の道に老舗そば店「出雲そばきがる」の店舗が見えます。Y字路の角に、江戸時代に石橋が架かっていたことを示す説明板が置かれています。

この付近には、松江藩寺社奉行・岡田半右衛門の屋敷がありました。出雲大社の神職・佐草自清が寛文6

年（1666）に書き記した文章に「今日ハ、御柱立談合ニて日暮、蕎麦切(そばきり)振舞」とあります。これは岡田半右衛門の屋敷でそばを振る舞われたことを示すもので、出雲そばに関する最古の記述となっています。

Y字路の左側の道を150メートルほど進むと、左手に「島根大学旧奥谷宿舎」があります。大正13年（1924）に、旧制松江高等学校外国人教師用宿舎として建てられた洋館で、国の登録有形文化財に登録されています。

ここで左折（西）し、次の角を右折（北）して進むと、高台に「田原(たわら)神社」が見えてきます。「春日(かすが)神社」とも呼ばれる古社で、松江城築城にあたり当地に移されました。随神門(ずいしんもん)には見事な彫り物があり、市の指定有形文化財となっています。松江に住んでいた頃の小泉八雲が好んで訪れたことでも知られています。

また、田原神社の西に鎮座する「桐岳寺(とうかくじ)」は、松江藩初代藩主・堀尾忠氏の次男・小次郎の菩提寺として知られ、佐陀(さだ)川を開削した清原太兵衛(きよはらたへえ)の墓もあります。

島根大学旧奥谷宿舎　島根大学の前身である旧制松江高等学校の外国人教師向けに建てられた宿舎。国の登録有形文化財に登録されている。

田原神社　「春日神社」とも呼ばれており、狛犬のほかにライオンや鹿の像もある。随神門は市の指定有形文化財。●松江市バス「西原」バス停より／松江市奥谷町122

桐岳寺　開山は慶長15年（1610）。慶長18年（1613）に現在地に移った。●松江市バス「西原」バス停より／松江市奥谷町279

綿貫家住宅　明治37年（1904）の建築と考えられている。

「石橋の大井戸」など名水の産地

出雲そばきがるの建つY字路まで戻り、今度は東へ向かいます。80メートルほど進むと左手（北）に、「カネモリ醤油」の蔵元で明治8年（1875）創業の「森山勇助商店」の町家が現れます。ここで左折（北）します。ベンガラ色のトタンの壁が連なる醤油蔵に沿って歩くと、右手（東）に松江市登録歴史的建造物「綿貫家住宅」が見えてきます。主屋は、明治37年（1904）に建てられた木造2階建ての町家です。綿貫家住宅を右折（東）すると「千手院」に至る坂道が見えてきます。千手院は慶長12年（1607）に、松江城の鬼門守護のために、松江開府の際、月山の富田城があった広瀬（現在の安来市）から移築されたものです。以降、堀尾氏、京極氏、松平氏の治世を通じて藩主の祈願所として重用されました。樹齢250年余りのしだれ桜は松江市の天然記念物に指定されています。

坂の下には「大井戸」があります。石橋町は古くから地下水に恵まれ、現在も古井戸が点在しています。同じ石橋町内にある「李白酒造」のそばにも大井戸と呼ばれる井戸が残っています。李白酒造は石橋の大井戸と呼ばれる中軟水の井戸水を仕込水として使用と説

千手院　堀尾氏が松江城を築く際、城の鬼門（北東）を封じるため建立された。●松江市バス「石橋三丁目」バス停より／松江市石橋町385

鉤型路　東西に延びる直線道路が、ここで不自然に曲がっている。

明していて、井戸が現在も枯渇していないことがわかります。この大井戸は文久3年（1863）に掘られており、「島根の名水百選」にも選ばれています。

藩主や藩士ゆかりの寺院と茶室

鉤型路手前のバス停「石橋三丁目」を右折（南）すると「順光寺（じゅんこうじ）」があります。松平松江藩初代・松平直政の家老・神谷備後が、私財を投じて改築したと伝えられています。鉤型路で右（南）に曲がるとある「光徳寺（こうとくじ）」は、幕末に松江藩の危機を救った玄丹加代（げんたんかよ）の墓とお加代地蔵がある寺として知られています。

普門院　普門院の境内にある茶室「観月庵」では、季節の和菓子と抹茶を楽しめる。
●ぐるっと松江レイクライン「塩見縄手」または松江市バス「南田町」バス停より／松江市北田町27

渡橋から普門院方面を望む。

光徳寺を過ぎ、突き当たりを左（東）に水路沿いに進み、丁字路を右折（南）します。さらに突き当たりを右（西）に曲がり、次の角を左折して南下し、Y字路を左へ進んで橋（渡橋（わたりばし））を渡ります。これらの水路と堀は、今でこそ水量は少なくなっていますが、かつて舟が行き来していました。渡橋や外堀に突き当たる辺りは、水郷を感じられる場所です。右折（西）すると右手に「普門院（ふもんいん）」が見えてきます。

普門院は、松平松江藩3代・松平綱近が元禄3年（1690）に、白潟の寺町（松江市寺町）から松江城の鬼門となる現地へ移したものです。境内にある「観月庵（かんげつあん）」は享和元年（1801）に建てられた茶室で、観覧できます。ここには松平治郷（はるさと）（不昧）もたびたび訪れたといわれ、松江滞在中の小泉八雲も、観月庵で茶の手ほどきを受けたと伝えられています。

なお、城下北東はずれの菅田町（すがたちょう）には、家老有沢（ありさわ）家の山荘のなかに、治郷ゆかりの茶室「菅田菴（かんでんあん）」（国の重要文化財）があり、一般公開されています。

歴代松江藩主も通った神の湯「玉造温泉」

温泉神・少彦名命が発見し、奈良時代に開湯したという伝説のある玉造温泉。当時から「神の湯」とたたえられ、江戸時代には藩主の別荘が設けられるなど松江藩とのつながりも深かった。

玉造の名は古代に「勾玉」がこの地で生産されたことに由来

山陰の名湯「玉造(たまつくり)温泉」は、松江城から南西へ約10キロの場所にあります。宍道湖に注ぐ玉湯川の河口から2キロほど遡った両岸に温泉宿が並び、全国から多くの旅行客が訪れています。

玉造温泉に最も多い硫酸イオン泉は肌に水分を補給し、2番目に多い塩化物泉は肌の表面に塩の膜をつくって潤いを逃さないよう保持します。これらの効果に加え、肌の新陳代謝を促す作用のあるメタケイ酸が含まれているため、玉造温泉は「美肌の湯」や「美人の湯」などと呼ばれています。

まがたま橋　玉造温泉の中央を流れる玉湯川に架かる橋。

温泉名や地名に使われている「玉造」は、現在の松江市玉湯町周辺で、玉類がつくられていたことに由来します。三種の神器の1つである「八尺瓊勾玉」もその1つといわれています。勾玉はヒスイやメノウ、滑石、琥珀などを原料とする古代の装身具の1つです。

玉造温泉から東へ約500メートルの場所にある標高約200メートルの「花仙山」では、古代より良質の青メノウ（出雲石）が安定的に採掘でき、山の麓には多くの玉造集落があったと考えられています。玉造温泉の西側には、日本で最初の生産遺跡として国の史跡指定を受けた「史跡出雲玉作跡」宮垣地区があります。過去の発掘調査では、青メノウや水晶玉素材、勾玉などが大量に出土しています。弥生時代末から古墳時代初頭にこの場所で勾玉の生産が始まったと考えられています。

出雲玉作史跡公園　写真は宮垣地区。

奈良時代に「神湯」と呼ばれ平安時代には清少納言が推奨

玉造温泉の歴史は古く、大国主命の国造りに協力した神である少彦名命が発見し、開湯したという伝説もあります。

奈良時代に編纂された『出雲国風土記』には、（玉造温泉の）いで湯に一度入ると容姿が端麗になり、再び入れば病も治る。効果が得られなかったという人はいない。人々は『神湯』と呼んでいるという旨が記されています。また、いで湯には老若男女が集い、市のようなにぎわいだったという記述もあります。

平安時代には、清少納言が随筆『枕草子』で「湯はななくりの湯、玉造の湯（玉造温泉）、有馬の湯（有馬温泉）」と紹介しました。これは、平安時代に玉造の名が京の都にまで知れ渡り、貴族の間でも知られていたことを表しています。なお、ななくりの湯は三重県津市榊原町の「榊原温泉」だとする説と、長野県上田市の「別所温泉」だとする説がありますが、定まっていません。

藩主の別荘「玉造御茶屋」と温泉総責任者「湯之助」

江戸時代には、松江藩が玉作湯神社の北西に「玉造御茶屋」を設けます。いわば藩主のための温泉つき別荘です。

出雲玉作跡で実施された発掘調査では、玉造御茶屋の礎石や半地下に設けられた3畳ほどの湯殿の跡が見つかっています。また、手水鉢、景石の痕跡から庭園の存在も明らかになっています。玉作湯神社に残る「上御入湯日記留」によると、代々の藩主は玉作湯社へ参拝し、玉造御茶屋で静養しました。その期間は短くて6日、長いときは1か月近くに及んだそうです。

さらに、松江藩は玉造温泉の長谷川家に「湯之助」と称する温泉総責任者の役を与え、玉造温泉を管理させました。長谷川家は松江藩2代藩主・堀尾忠晴の時代から湯之助を務め、元湯や公衆浴場の管理、湯賃の取り立てなどを担いました。

長谷川家の子孫が経営する「湯之助の宿 長楽園」の年表には、「その体制は明治維新で松江藩が解体されるまで続いた。明治になると温泉掘削は民間に委ねられ、各旅館が競って泉源を掘った」と記されています。こうして明治初期以降、玉造温泉の各旅館が切磋琢磨して温泉郷をつくりあげてきました。

湯之助の宿 長楽園 江戸時代に湯之助を務めた長谷川家の末裔が経営する。

「玉作湯神社」の境内には触れると願いが叶う「願い石」

現在の玉造温泉は、美肌の湯として名高く、女性客に人気があります。近年では、低料金で日帰り入浴を受け入れる温泉宿が増えているほか、多目的温泉施設も誕生しています。

また、温泉の美容効果に加え、「宮橋（恋叶橋）」

や「湯閼伽（ゆあか）の井戸（恋来井戸（こいのくるいど））」などのパワースポットめぐりを前面に打ち出す旅行プランも登場しています。玉作湯神社の境内には、触れて祈れば願いが叶うとされる「願い石」が置かれていることから、縁結びのパワースポットとしても人気です。社務所で購入した「叶い石」を願い石に当てて祈願すると、願いが成就しやすくなるそうです。

なお、玉作湯神社には、温泉の神・少彦名命とともに、『古事記』で八尺瓊勾玉をつくったとされる玉祖命（たまのおやのみこと）（櫛明玉神（くしあかるたまのかみ））がまつられています。玉祖命は、「玉造部（たまつくりべ）」（ヤマト王権下で玉類の製造に従事した部民（べみん））の祖神として信仰を集めました。

宮橋（恋叶橋）　橋の上に立ち、玉作湯神社の鳥居を入れて写真を撮ると恋が叶うといわれている。

姫神広場　温泉街の中心付近に位置する。屋根つきの足湯があり、無料で利用できる。

玉作湯神社の「願い石」

城下 4

藩主の菩提寺のそばに忍者が住んだ「城西地区」

かつての堤防の名残が残る通り

松江城の西に広がる「外中原」には、松江開府の祖・堀尾吉晴が、当初城を築こうとした洗合山（荒隈山）があります。また松江藩主を務めた松平家の菩提寺である月照寺をはじめ、多くの寺院や神社があります。

『堀尾期松江城下町絵図』を見ると、禄高１００から５００石ほどの中級藩士の屋敷が見られます。そのほか足軽や門番、肩書きのついた与力や家臣、職人や料理人などが住んでいたようです。ここでは寺社をめぐりながら、職人たちの町を見ていきます。

一畑電車「松江しんじ湖温泉」駅前から左（西）へ

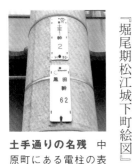

土手通り　かつてはこの通りは堤防だった。この南側まで宍道湖だった。

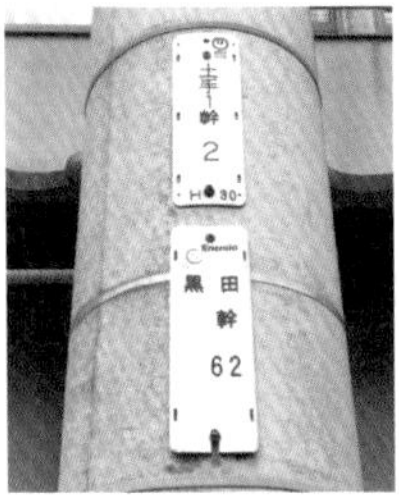

土手通りの名残　中原町にある電柱の表示板。土手の文字が見られる。

大雄寺　小泉八雲の『飴を買う女』のなかで、大雄寺についての言及がある。●一畑電車「松江しんじ湖温泉」駅より／松江市中原町234

進んで、次の角を右（北）へと曲がります。２つ目の十字路で、東西に延びているのが「土手通り」です。

かつて末次土手、荒隈（あらわい）土手とも呼ばれたこの場所は江戸時代、堤防でした。明治期に「土手町」という町名で呼ばれていて、現在は「中原町（なかばらちょう）」なのですが、電柱の表示板などには「土手町」といった表記も残っています。

母の幽霊が水あめを買っていく「大雄寺」

土手通りを西へと進みます。ほどなくして、右手（北）に地蔵がまつられているのが見えてきます。地蔵の前を右（北）に向かうと、住宅街のなかに「大雄寺（だいおうじ）」の山門が見えます。

大雄寺は松江開府の際に、築山の富田城があった広瀬（現在の安来市広瀬町）からこの場所へ移された法華宗の寺です。山門を見ると石垣が組まれていることがわかります。

山門の前には溝がありますが、これはかつて大溝と呼ばれ、四十間堀川までつながっていました。藩主が舟でこの場所へお参りしていたようで、山門は殿様

荒隈土手　天倫寺から土手通りまでの道は、かつて荒隈土手と呼ばれた堤防だった。

射堂跡　道路の左手（南）に、かつて三十三間堂を模した弓道場があった。

専用のものと伝えられています。

またこの寺は、小泉八雲が『飴を買う女』で紹介していることでも有名です。「幽霊となった母親が、子どものために水あめを買いに来る」という怪談で、山門をくぐって左側にある墓地が舞台となっています。

大雄寺をあとにして、もとの道を南西へと歩いていきます。道なりにしばらく進むと、右手（北）に城西公民館が見えてきます。この公民館の入口そばに、射堂跡の碑が立てられています。

この場所からさらに１００メートルほど南西へ進んだ場所の左側の辺りに、松平松江藩初代藩主の松平直政によって、京都の三十三間堂を模した射堂が築かれました。当初、東西20間（約36メートル）ほどの射堂でしたが、2代松平綱隆の代に長さ約１１５メートルの長屋をつくります。弓矢の鍛錬に使われていました。射堂の跡は残っていませんが、この辺りの堂形町という地名に名残が見えます。

松江八景にも数えられる絶景の「天倫寺」

射堂跡の碑を通り過ぎ、右（西）を向くと、城西幼保園越しに寺の山門が見えます。次の三叉路を右（西）へ進むと、正面に長い階段が現れます。この先にあるのが「天倫寺」です。

天倫寺の地は、松江城下がつくられた際に富田城下から移転させた瑞応寺という寺院の跡地です。堀尾氏断絶後に藩主となった京極忠高は、瑞応寺を円成寺と改め、意宇郡乃木村（現在の松江市栄町）へ移し、跡地を忠高の父を弔う泰雲寺としました。その後、松平直政が松平松江藩初代藩主となると、天倫寺と寺号を改め、松平家歴代の位牌をまつる寺院とします。高いところにあるため境内からの眺めがよく、その眺望は宍道湖十景、松江八景の1つに数えられています。

天倫寺の石段前まで戻り、北へ進みます。最初の分岐で右（東）に入り、住宅街のなかを歩いていきます。分かれ道を左（北東）の細い道に入り、すぐに左（北）へ折れると、「愛宕神社」の鳥居が見えてきます。住宅街のなかにひっそりと建つ神社で、124段の階段を登った先に本殿があります。

松江開府の祖・堀尾吉晴が、築城時に松江の裏鬼門

天倫寺　洗合山の上にある臨済宗の寺。洗合山はかつて松江城の築城地の候補だった。●一畑電車「松江しんじ湖温泉」駅より／松江市堂形町589

愛宕神社　外中原町の住宅街にある山の中にひっそりと建っている。松江の裏鬼門を守ると伝わる。●一畑電車「松江しんじ湖温泉」駅より／松江市外中原町210

（南西）にあたる現在の場所に遷座させたと伝わっており、防火の神様として信仰されています。また階段下の南側には宝照院という天台宗の寺院もあります。

斬り殺された遊女が眠る「清光院」

愛宕神社の鳥居前から北へと向かって歩いていきます。ほどなくして左手（西）に広めの駐車場と、階段が見えてきます。この階段を上った先が「清光院」です。

清光院　明治12年（1879）に第1回島根県議会の会場にもなった。●一畑電車「松江しんじ湖温泉」駅より／松江市外中原町194

天文11年（1542）、高橋式部大輔清光という人物によって杵築（現在の出雲市）に建立されたのが始まりとされています。開山の法名である「清光」を寺号として清光院という名になりました。

時期は不明ですが、富田城がある広瀬（現在の安来市広瀬町）へと移転。その後、慶長5年（1600）頃に現在の場所へと移りました。墓地には松江藩の武芸者や芸術家などの墓碑が多くあります。

そのなかでも広く知られているのが、「遊女松風」の墓です。江戸時代の終わり頃、松江大橋の南に松風という芸者が住んでいました。彼女は松江大橋の北側に住む相撲取りと関係をもっていました。

そんな松風に、侍が横恋慕をします。侍を袖にしつづける松風でしたが、ある日、家に帰ろうとしたところを侍に見つかって逃げることになりました。知り合いの住職がいる清光院で一晩を明かそうとしたところを侍に追われ、清光院の石段を上る途中で斬られてしまいます。

深手を負った松風は、清光院の位牌堂の階段までた

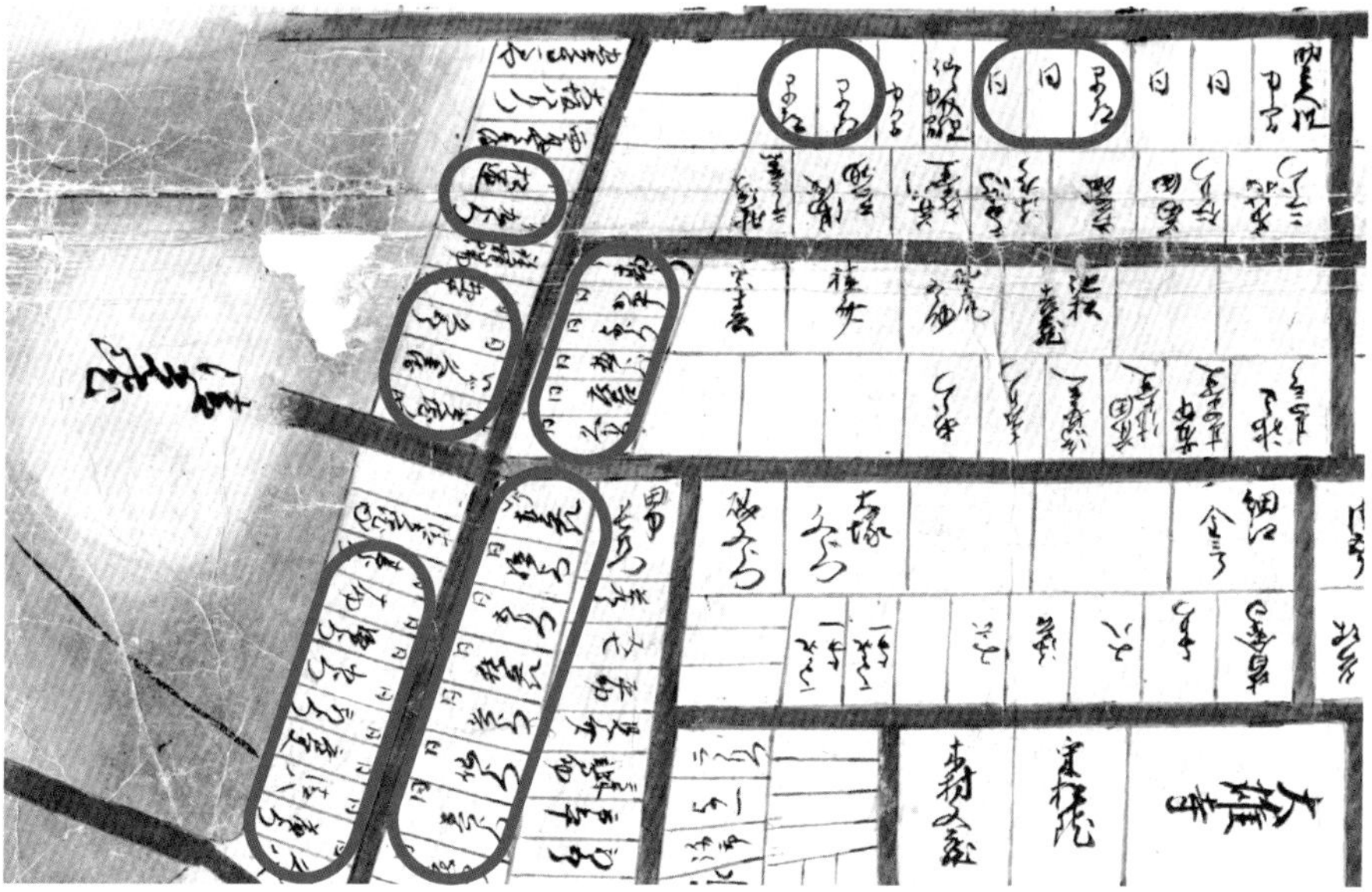

『**堀尾期松江城下町絵図**』(部分)　赤丸の部分が、早道が住んでいた場所。清光院周辺には伊賀の者(青丸の部分)が住んでいた。(島根大学附属図書館蔵)

どり着きますが、そこで事切れてしまいます。翌朝、遺体で見つかった松風はそのまま清光院に葬られましたが、位牌堂の階段に残った血の跡は、何をやっても消えなかったという話が残っています。

堀尾氏の忍者が住んだ「清光院」周辺

近年の調査で、松江には忍者がいたことがわかってきました。『堀尾期松江城下町絵図』によると、愛宕神社からこの清光院の辺りには、忍者と思われる伊賀の者たちが29軒ほど世帯を構えていたようです。「伊賀久八」「いが九兵衛」などの名前が軒を連ねている様子が見てわかります。

じつは堀尾氏が忍者と深い関わりがあったことは、史料からもうかがえます。天正6年(1578)、織田信長が羽柴(豊臣)秀吉に播州三木城の攻撃を命じます。この戦いに堀尾吉晴も参加しており、功績を挙げた吉晴は信長から甲賀衆を100人預かりました。『堀尾家記録』に「甲賀衆百人お預けなしくださる」と記述があります。甲賀というのは伊賀と並んで有名な忍者集団です。

その後さまざまな経緯があり、堀尾氏が富田城へ移る際には、「伊賀鉄炮40人」と伊賀の忍者を連れて行ったという記録が『堀尾忠晴給帳』に残っています。また『堀尾期松江城下町絵図』では、清光院から北東の外中原町の辺りに「早道」とだけ書かれた世帯があることがわかりました。

阿羅波比神社　神社の前の道は「宮ノ丁」と呼ばれていて、かつてはにぎわいを見せた。●一畑電車「松江しんじ湖温泉」駅より／松江市外中原町54

これも忍者のことで、青森には「早道之者」と呼ばれる忍者集団が存在しており、「早く道を歩けるので情報収集が得意」というところから、この名前がついたと考えられています。そのため外中原町のこの早道も、堀尾氏に仕えていた伊賀の者のうち何人かがそういった存在に特化したものではないか、と推測されています。しかし、実際のところはまだよくわかっていません。

『堀尾期松江城下町絵図』で確認された伊賀の者のうち何人かについては、別の史料によって実在したことが確認されています。現在の町は民家が連なるだけで、忍者がいたという明確な痕跡が残っているわけではありません。

松平家9代に及ぶ菩提寺「月照寺」

清光院を出て東へと進むと、左手（北）に「阿羅波比神社」が見えてきます。もとは洗合山（現在の天倫寺がある山）にありましたが、永禄5年（1562）、毛利元就が尼子氏を攻める際に洗合山に陣をおいた関係で、この場所へ移ったと伝えられています。『出雲

月照寺　松平家歴代藩主の菩提寺。数々の美術品なども収蔵され公開されている。●一畑電車「松江しんじ湖温泉」駅より／松江市外中原町179

茶の湯の水　松平松江藩７代藩主の松平治郷（不昧）が茶の湯に使ったといわれる湧き水。島根の名水百選にも選ばれている。

月照寺の大亀
松平松江藩7代藩主・松平治郷（不昧）が父宗衍の命を受けて建てた、宗衍の徳をたたえる寿蔵碑。

国風土記』にも記されている古社で、少彦名命、大己貴命、などを祭神とします。

阿羅波比神社を出て、すぐ東の分岐で左（北）の道へ入ります。さらに十字路を左（西）へと歩いていくと、突き当たりに「東林寺」、そして「月照寺」が見えてきます。

月照寺は、寛文４年（１６６４）に松平松江藩初代藩主の松平直政が、生母である月照院の位牌を安置するため、洞雲寺という禅寺跡地に浄土宗寺院・蒙光山

舎人坂　舎人が住んでいたからとも、松江藩家老・大野舎人の屋敷があったからその名前がついたともいわれる。

月照寺として復興したのが始まりとされています。

直政の没後、遺言に従って息子の綱隆が境内に直政の廟をつくります。その際に山号も歓喜山と改めました。

それ以降、松平家9代にわたる菩提寺として崇敬を集めています。一万坪ある境内は国の史跡に指定されており、初代直政から9代斉貴までの廟が並びます。

なかでも初代直政と7代治郷の廟の門は、島根県の有形文化財にも指定されています。また境内には歴代の藩主などから奉納された刀剣や美術品、仏具などを納める宝物殿があり、一般に公開されています。

鷹匠町　松江藩お抱えの鷹匠が住んでいたとされる町。右に見えるのは月照寺へと続く薬研堀の名残。

藩主の鷹を扱う職人が住んだ「鷹匠町」

月照寺から来た道を戻り、東へと向かいます。月照寺・東林寺専用駐車場を過ぎて最初の道を左（北）へ曲がります。

そのまま歩いていくと、すぐに右側に小さな公園（外中原北区児童遊園地）が見えてきます。公園の一角に「鷹匠町」の碑があります。この辺りの現在の町名は「外中原町」ですが、鷹匠町という名前も残っています。

松江藩の藩主は代々、鷹狩りを好んでいました。その際に使う鷹を扱っていた鷹匠がこの辺りに住んでいたため、この名前がついたといわれています。また、この場所は薬研堀の終着点で船着き場でもありました。

このまま北に行くと、やがて小さな十字路に出ます。それを左（西）に曲がるとしばらく上り坂が続きます。この坂は「舎人坂」と呼ばれます。

舎人とは天皇や貴族に仕える下級役人のことです。松江市北部の法吉郷の長の家がこの辺りにあり、それに仕える舎人が住んでいたことから名づけられたとも、松江藩の家老・大野舎人の下屋敷があったことから名づけられたともいわれています。

藩主が寺の参拝に使った堀

鷹匠町の公園まで戻り、東へと歩いていきます。右手（南）に堀川が流れていますが、これは薬研堀の名残です。突き当たりをさらに堀沿いに進んでいくと、城山西通りに出ます。南へ少し歩くと、左（東）に「月照寺橋」が見えてきます。親柱が三日月の形をしているのが特徴で、この橋から西へとまっすぐ進むと、先ほど訪れた月照寺へたどり着きます。

月照寺橋の北側に「四十間堀・薬研堀」の碑が立っています。薬研堀は四十間堀につながっていた橋の北側の堀で、歴代藩主の月照寺への参拝や、廟の建立のための資材運搬などに利用されていたという話が伝わっています。薬研というのは生薬を挽いて粉末状にする器具のことで、この堀は薬研のようにV字形になっていたと考えられています。

月照寺橋　この橋を渡ってまっすぐ西へと歩いていくと月照寺へとたどり着く。三日月形の親柱が特徴的。

薬研堀の一部　奥の方へと向かっていくと四十間堀川につながっている、薬研堀の名残。

四十間堀川と薬研堀の交差点　ここから薬研堀につながっていた。堀はかつて40間（約73メートル）の幅があった。

城下 5

藩の重要施設が集まる松江の心臓「城東」

漂流民を保護した「唐人屋敷」

城東地区には、かつては藩の役所や武家屋敷が立ち並び、教育施設などがありました。現在でも松江地方裁判所や島根県教育会館など公共施設が集まっており、三之丸跡（現在の区分では城東地区に入る）と並んで松江市政の中心的な場所となっています。ここでは、幸橋の北詰から藩の重要施設跡などをめぐっていきます。

幸橋からまっすぐ北上すると、松江城の「大手門跡」前まで続いています。松江の城下町では、城東が城の正面だったわけです。ここでは大手門跡へは向かわず、京橋川沿いを東へと歩いていきます。左手（北）には建築家、長野宇平治が日本銀行松江支店として設計し、現在は「カラコロ工房」として活用している工芸館が見えてきます。さらに東へと進み、京橋、東京橋を通り過ぎたところで、左手（北）に中国電力の建物が見えてきます。この入口近くに、「松江の唐人屋敷跡」の碑がひっそりと立っています。

『松江城下絵図』（部分）　元文～延享年間（1736～48）のもの。（島根県立図書館蔵）

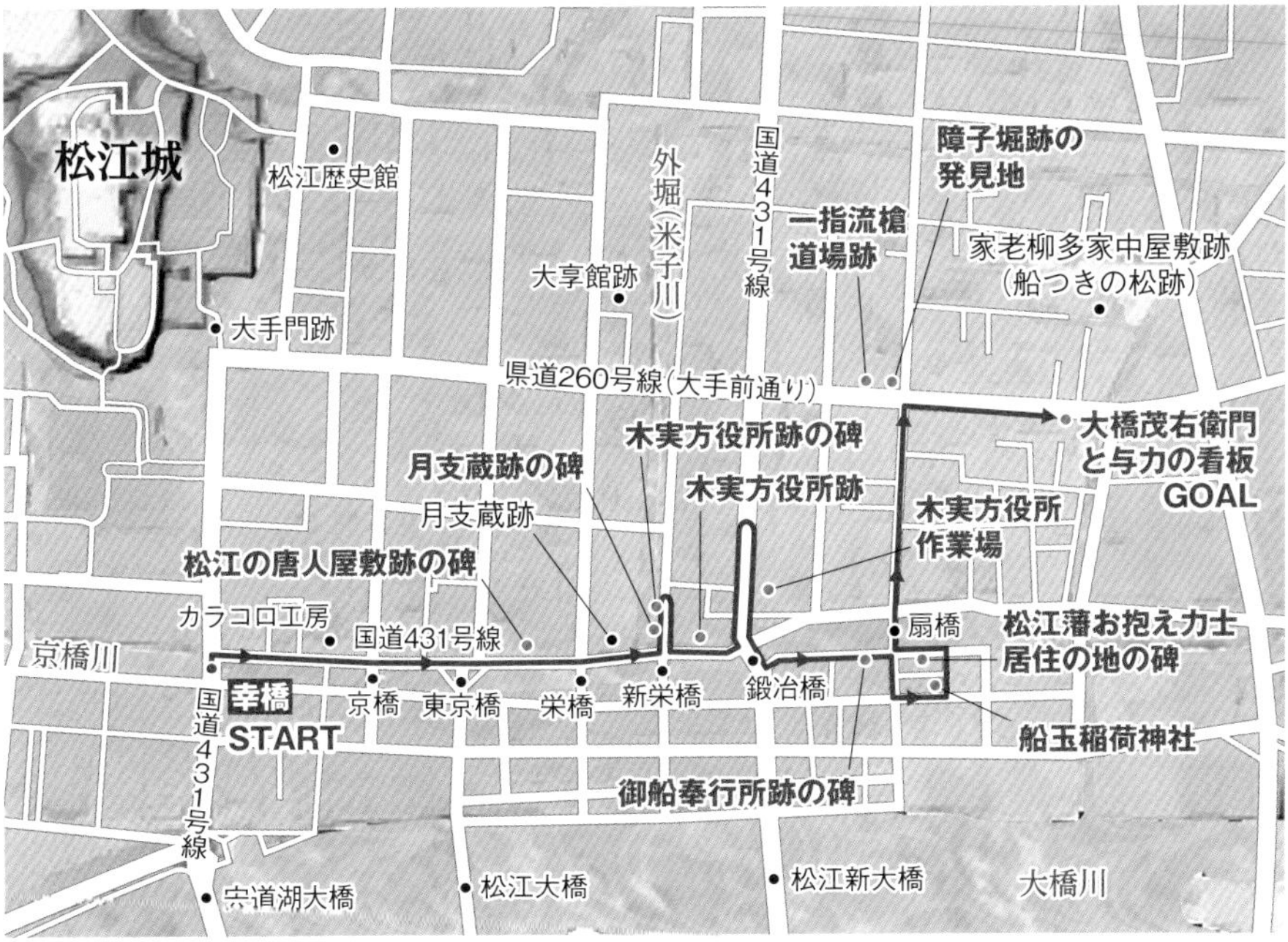

唐人とは唐の人、つまり中国人を指します。転じて、広く外国人を指す言葉になりました。

松江藩は海岸線が長く、外国の船がたびたび漂着しました。そういった漂流民を保護する屋敷が、この西隣の地区にありました。門番が守り、医者が配置され、手厚く保護されていたそうです。

唐人屋敷跡　保護された漂流民たちは、準備が整うと陸路で長崎へと送られた。●ぐるっと松江レイクライン「栄橋」バス停より／松江市母衣町115

藩の米を取り仕切る「月支蔵」

唐人屋敷跡の碑から東へと進み、外堀（米子川）を渡った辺りで左折（北）します。松江警察署の城東パトロールボックスの脇を抜け、川沿いに歩くと、目の前に「月支蔵跡（げっしぐらあと）」の碑が立っています。

外堀の対岸、つまり現在の赤十字病院の辺りに、かつて「月支蔵」がありました。月支蔵とは、藩で購入した米や大豆のほか、炭や蠟燭、紙などの支払いを行っていた藩の役所と倉庫を兼ねた建物のことです。

松江藩士は禄高（給与の額）に応じて、一部を禄米（給与として与えられる米）として月々現物で与えられていました。これが月支蔵の名前の由来です。

月支蔵には米を保存しておく蔵だけではなく、門番の住まいなどもありました。御蔵奉行のほか、役人が十数名、そして中仕（荷物の陸揚げを行う人）が大勢働いていたようです。

藩の財政を再建した木実方役所

月支蔵跡の碑のそばには、「木実方役所跡」の碑も立っています。

木実方とは、松江藩が寛延元年（1748）に設置した役所で、蠟の生産と販売を行っていた場所です。

この頃、藩は蠟の原料が採れるハゼの木の植樹を奨励し、出

月支蔵跡　藩士は月々、現物支給で米を受け取っていた。一部は盆と年末に米手形で支給されていた。

木実方役所跡　明治維新後には松平伯爵家事務所となり、その後さらに島根県立工業学校修道館となっていた。

木実方役所の作業場　明確な建築年代は判明していないが、江戸時代まで遡るものだと認められている。道を挟んであった木実方役所から移して現存する。

雲国内で70万本を目指しました。さらには民間での蠟の売買を禁止にし、蠟生産を藩で行うことにしました。

松江藩でつくられる蠟の品質は高く、大坂へ運ばれたあとに蠟燭に加工され、全国で売り出されたようです。評判は高く、藩の財政の大きな助けとなりました。

木実方役所の建物は新栄橋の北詰辺りから、東に架かる鍛冶橋北詰の辺りにかけて建っていました。現在では役所自体の痕跡は残っていませんが、鍛冶橋から少し北に歩いたところに、木実方役所の作業場として使われた建物が残っています。建物は松江市登録歴史的建造物になり、現在はそばの米田酒造の貯蔵蔵として使用されています。

船や船乗りを管理した御船奉行所

鍛冶橋を渡り、京橋川沿いに東へ向かいます。やがて川沿いに「御船奉行所跡」の碑が見つけられます。

現在の松江市東本町4丁目から5丁目にかけての一角に「御船屋」と呼ばれる藩用地があり、そこには水上交通を管理する御船奉行所がありました。奉行所は南北に30間（約55メートル）、東西に20間（約36メートル）の広い屋敷で、通称では御奉行御役屋舗と呼ばれていたそうです。松江藩の御用船や、御水主

御船奉行所跡　扇橋南詰の西側に御船奉行所跡の碑がある。松江藩の水運に関わる事柄を一手に引き受けていた。

船玉稲荷神社　海上安全の守護神として崇敬されている。社殿は一度焼失してしまい、昭和36年（1961）に再建された。●ぐるっと松江レイクライン「大橋北詰」バス停より／松江市東本町5-59

松江藩お抱え力士居住の地の碑　扇橋南詰の東側にある。力士たちは御水主としても活躍していたようだ。

（船乗りのこと）など御船屋の一括管理を行っていました。

扇橋の南詰で右折（南）し、最初の十字路を左折（東）すると、左手（北）に「船玉稲荷神社」が見えてきます。創建年代は明らかになっていませんが、松平松江藩初代の松平直政が入国した際に、もともとこの場所にあった椎森稲荷大明神を船手の鎮守社とし、のちに住吉の三神（底筒男命、中筒男命、表筒男命）を合祀して現在の社名に改称したとされます。そして、海上安全や船舶の守護神として、御船屋の鎮守社となりました。

船玉稲荷神社の脇の道を北上し、京橋川沿いに戻ります。扇橋が左手（西）に見えるので近寄っていくと、川沿いに「松江藩お抱え力士居住の地」の碑が立っています。

御船屋には御水主が住んでいましたが、彼らは相撲で体を鍛えており、力士としても活躍していました。この場所には松平松江藩7代藩主の松平治郷（不昧）がお抱え力士として取り立てた伝説の力士、雷電為右衛門も住んでいました。

槍術道場跡と与力たちの屋敷跡

扇橋を渡り、北へ歩いていくと、やがて県道260号線（大手前通り）に出ます。左側（西側）の横断歩道を渡った辺りは、江戸時代は堀で、堀底部分から障子堀が見つかっています。底面に障壁を備えた堀で、江戸時代につくられた例は珍しく、中国地方では初めての発見でした。すぐ西側には駐車場とコンビニが見えます。ここにかつて、一指流槍道場がありました。一指流とは松本理左衛門定好を流祖とする槍術で、そ

障子堀跡　障子堀は浅い場所と深い場所をつくることで防御力を高める手段として知られる。

の槍は管槍（くだやり）といって金属の管に柄（え）を通し、管をもって槍を突き出す特徴のあるものでした。定好は晩年、松平直政（なおまさ）の招きに応じて松江藩の槍術指南役となりました。

　大手前通りを東へ歩いていくと、やがて「大橋茂右衛門（おおはしもえもん）と与力（よりき）」の説明板が見えてきます。松平家が藩主であった時期の松江城下町の絵図を見ると、現在の南田町の南東、扇橋を渡ってすぐ東のエリアに、松江藩家老である大橋茂右衛門の大きな屋敷があったことがわかります。ちょうど京橋川を挟んで御船屋の向かい側（北側）に位置します。

　大橋家は縁のある者たちを与力として雇い、敷地内に与力たちの屋敷を建てました。その与力屋敷があったのがこの場所です。

　調査によると、掘立柱（ほったてばしら）などの屋敷の痕跡を思わせるものや、キセル、陶磁器など生活を感じさせるものが発見されました。そのほかに、出雲地方を中心に火難除けの祭祀具として知られる直径約8センチの鉄球「鉄丸（てつまる）」や、床下に銅銭を撒くおまじないに使われた「撒銭（まきぜに）」などが見つかっています。

　城東にはこのように、重臣の屋敷や藩の設備に加えて、松江の物流の要である水運に関わる施設なども集まっていました。

大橋茂右衛門の与力屋敷跡　幾人もの与力が屋敷を構え、今でも与力町という地名が残っている。

城下 6

豪商たちが集い栄えた松江の玄関口「白潟」

「松江大橋」を完成させた人柱の伝説

松江大橋を渡って南側の町「白潟（しらかた）」は、船の出入りや荷揚げなどでおおいに栄え、松江の玄関口として機能していました。この辺りには宿屋や酒屋、廻船問屋（かいせんどんや）などがあり、豪商が住んでいたことが知られています。その歴史は松江城の築城以前から続き、対岸の末次と同様に、水運で栄えた商業地が、そのまま城下町に組み込まれました。

松江大橋南詰から、江戸時代に栄えた白潟の名残を見ていきます。まず大橋南詰に「源助柱（げんすけばしら）記念碑」が立っていることに気づきます。松江を開いた際、この橋の架橋工事が難航して、いっこうに完成しませんでした。そこで足軽の源助を人柱にして松江大橋を完成させたと伝わります。そのため、大橋の中央の柱を源助柱と呼んだそうです。

源助柱記念碑から見る松江大橋
松江大橋南詰そばにある源助柱記念碑と深田清技師の殉難記念碑。そばには「大庭の音のする石」もある。

源助を忘れないためにと、昭和14年（1939）に立てられたのがこの碑です。ただ、源助の話には確かな証拠はありません。大橋は江戸時代にも幾度か架け替えられており、その際に犠牲になった人たちが「源助」という名前に集約され、現在に語り継がれたものと考えられています。

そのそばには昭和12年（1937）の架け替え工事で亡くなった、深田清（ふかだきよし）技師の殉難記念碑も立っています。「昭和の源助」といわれ、人々からの感謝の気持ちを込めてこの碑が立てられました。

豪商たちの邸宅があった「白潟本町」

源助柱記念碑から南へと歩みを進めます。記念碑の辺りは八軒屋町（はちけんやまち）と呼ばれており、八軒の他国問屋や宿屋があったことから、そうした名前になったといわれています。

　すぐ南が白潟本町です。左手側（東）のエリアには、蠟を大坂へ運ぶ、藩の御用廻船問屋を営んでいた森脇（もりわき）家の屋敷がありました。現在でもその土地の所有は、森脇家で変わっていないそうです。

　やがて松江白潟本町郵便局が見えてきます。この左側（東）の道が「座頭小路（ざとうしょうじ）」です。この辺りには、盲目の人たちの集会所があったといわれています。彼らの生活は、藩が保障していました。

　座頭小路の背後の西側にはミオヤ小路があります。鉤型路になっているミオヤ小路を抜けていくと、正面左手に山陰合同銀行の大きなビルが見えます。

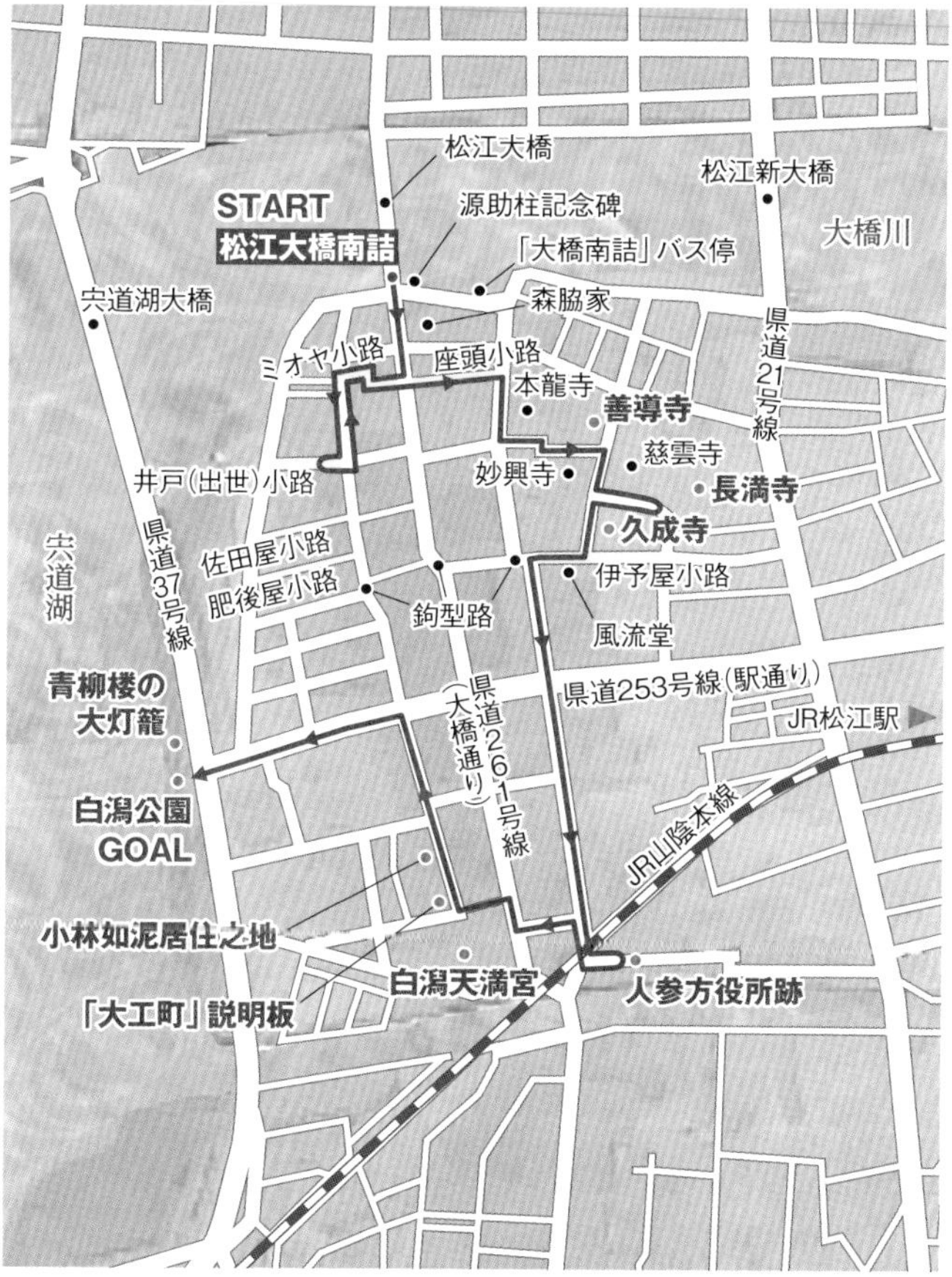

座頭小路　郵便局左手の路地が座頭小路。この背後には鉤型路になっているミオヤ小路がある。

出世小路　山陰合同銀行のそばにある小さな路地。井戸小路とも呼ばれ、かつては小路の中ほどに大きな井戸があった。

その南側にある小さな道が「井戸（出世）小路」です。この辺りに住んでいた人の中から画家や歌人、豪商などが多く輩出したことから「出世小路」と呼ばれるようになりました。

この南側にある2本の道にもそれぞれ「佐田屋小路」、「肥後屋小路」という名前がついています。それぞれ佐田屋、肥後屋という商人の邸宅があったとされています。

白潟の町は、このような江戸時代から続く小路が多く残っているのが特徴的です。その多くは白潟本町の周辺に集まっています。この辺りは白潟のなかでも若干標高が高くなっていて、まだ周辺に低湿地が続いていた時代から人が住んでいた場所です。もともとあった商業地をそのまま取り込んだため、このような町のつくりになっていると考えられています。

堀尾吉晴がつくった「寺町」

座頭小路を抜けると、正面（東）の右手（南）に「本龍寺」という寺院が見えてきます。この寺院の南側脇の鉤型路に入り、道なりに進むと左手に「善導寺」が見えてきます。浄土宗総本山である京都の知恩院の直末寺で、松平直政の信濃松本からの入国に随従し開基されました。

善導寺から南へ進むと、右手（西）には「妙興寺」、左手

善導寺　写真は乳護地蔵と咳地蔵。喘息持ちの武将が近隣の住人の夢枕に立ったことでまつられることになったと伝わる。●JR山陰本線「松江」駅より／松江市和多見町56

長満寺　写真は西田千太郎の墓。西田千太郎は小泉八雲が最も信頼を寄せたといわれる人物。●JR山陰本線「松江」駅より／松江市寺町172

久成寺　境内には「近代スポーツの父」と呼ばれる岸清一と、藩の財政改革に一役買った村上喜一郎の墓がある。●JR山陰本線「松江」駅より／松江市寺町156

（東）には「慈雲寺」が見えてきます。

慈雲寺の南側の道を東へ進むと、その先には「長満寺」が現れます。江戸時代に2度の火災に遭って記録が焼失したため、詳細な歴史をたどることが難しくなりました。開基は堀尾吉晴の家臣である松島周防守とされています。

慈雲寺から西へと進み、突き当たりを左折（南）すると、左手（東）に「久成寺」があります。この辺りは地名が寺町となっており、ここから北の和多見町とともに多くの寺院がありました。城下町では周辺部に寺町をつくるのが鉄則です。松江を開く際に、堀尾吉晴は10以上の寺院を富田（現在の安来市広瀬町）からこの場所に移し寺町としました。

莫大な利益を生んだ「人参方」

久成寺の南の道は、「伊予屋小路」と呼ばれています。松江が開かれた際に、伊予国（現在の愛媛県）から移ってきた伊予屋と、その借家があったことからこの名がつきました。

伊予屋小路を西へと進み、鉤型路となっている交差点を南へ進みます。JR山陰本線の高架をくぐると、寺町変電所がありますが、その傍らに「人参方」の説明板が立っています。

人参方とは、薬用人参（御種人参）の栽培や販売を行う役所

人参方門　薬用人参の栽培や販売を執り行っていた役所があった場所。道の奥に道路をまたぐ屋根が役所の門。

のことです。長崎を通じて清国にも出荷するほどの大事業で、藩の財政を潤しました。この説明板の先の道には、当時の人参方の門の一部が道路をまたいで残されています。

18人の大工の功績でできた町「大工町」

来た道を戻り、高架をまたいですぐ西へと向かうと、正面に「白潟天満宮」が見えてきます。もとは月山にあった富田城内でまつられていたものが、松江を開く際にこの場所へ移されました。それ以降、歴代松江藩主からも厚い崇敬を受け、庶民の間でも「天神さん」と親しまれています。またこの付近では御国相撲が行われ、人気を博していたようです。

白潟天満宮　社伝によると、平景清が眼病に罹った際、菅原道真に祈るとこれが快復。以降、篤く信仰し社を建てたという。●JR山陰本線「松江」駅より／松江市天神町59

白潟天満宮の北側を迂回して裏手にまわります。白潟天満宮の駐車場入口付近の、いびつな丁字路に「大工町」と書かれた説明板が立っています。この辺りは現町名は灘町ですが、松江城の築城に貢献した18人の大工たちに与えられた町ということで、大工町の地名も残っています。

北へ歩いていくと左手（西）の民家そばに「小林如泥居住之地」という碑が立っています。小

大工町説明板

小林如泥居住之地碑

林如泥は松平治郷（不昧）に大工方として仕えた指物師（さしものし）で、現在も松江に如泥の作品がいくつか残されています。

料亭「青柳楼」にあった灯台

さらに北へ歩いていくと、県道253号線（駅通り）に出ます。ここで左折（西）し、駅通りを進むと、突き当たりに白潟公園の入口と、大きな灯籠が見えてきます。この灯籠が「青柳楼（あおやぎろう）の大灯籠」です。もとは白潟天満宮裏手の料亭「青柳楼」にあったことから、この名がつきました。

当時は白潟天満宮の裏手辺りまでが宍道湖の波打ち際で、この灯籠は灯台としての役割を果たしていました。しかし、宍道湖が埋め立てられ、取り残されたため、昭和33年（１９５８）に現在の場所へ移されました。

白潟は松江の城下町でも最大の商業地でした。城からは若干距離があるものの、こうして歩いてみると白潟が江戸時代からにぎわっていたことがよくわかります。

青柳楼の大灯籠　高さ約６メートルの大灯籠。

宍道湖岸からの眺めは、日本の夕陽百選にも選ばれている。

城下町外に寄り道

神を迎え、送り出す出雲の地の神在祭

出雲国は、国ゆずり神話の舞台であり、歴史的にも重要な神社が集まっている。これらの神社は、出雲国内の交通や流通を通して松江の城下町とも深い関わりをもっていた。ここでは、出雲国で古くから行われている、旧暦10月の神在祭を中心に見ていく。

出雲大社●JR「出雲市」駅より一畑バスで約25分／出雲市大社町杵築東195（出雲大社提供）

神無月になると神々は出雲へ赴く

私たちは普段、1月、2月……と月を数字で数えていますが、日本では古くからそれぞれの月に異称をあてています。諸説あるものの、4月なら卯の花の咲く月ということで卯月、8月なら葉の落ちる月なので葉月といった具合です。旧暦をもとにつけられた名前なので、現在の季節の感覚とは少しずれがありますが、名前には月の特徴が表れています。

そのうち10月は神無月といいます。全国の神々は10月になると出雲へと赴くため、神がいなくなるという信仰から、このような名称となったと考えられています。ただし、神々が集まる出雲だけは、逆に10月を神在月といいます。

12世紀前半に成立した『奥義抄』には、すでに「神無月」という記述が見られます。室町時代に成立した『下学集』からは、「神有月」という記述も見つかりました。神々が10月に出雲に集まるという信仰は、この時代にはすでに生まれていたようです。

出雲地方の神社では、神在月に神様をお迎えする神在祭が行われます。出雲大社（いずもおおやしろ）で行われる「神在祭」の様子をもとに、出雲地方の神社で行われる神事を見ていきます。

神在祭に先立ち 神々を迎える神迎祭

集まった神々が何をするのかといえば、神議り（かむはかり）という会議です。旧暦の10月11日から17日までの7日間、出雲大社の西に位置する摂社「上宮」で、神々は神議りを行うといわれています。

その前日の旧暦10月10日には、出雲大社から西に1キロほどのところにある稲佐（いなさ）の浜で、神々をお迎えする「神迎神事（かみむかえしんじ）」が行われます。夜の7時に火が焚（た）かれ、注連縄（しめなわ）が張られた斎場で神事が始まります。その後、神々は出雲大社の神楽殿（かぐらでん）へと移り（コロナ禍の間は拝殿で行われた）、全神職によって「神迎祭」が執り行われたのち、出雲大社の本殿東西にある十九（じゅうく）社へと分かれていくとされます。

翌日から神在祭が始まり、十九社の扉が開かれ、終日祭事が営まれます。出雲大社周辺の人々は、神々の話し合いの邪魔をしないように、歌や舞いを控え、静かに暮らすというのが慣習でした。

神在祭が終わると、今度は神々をお送りする「神等去出祭（からさでさい）」が執り行われます。旧暦10月17日、十九社にいた神々を迎え、本殿楼門の扉を三度叩き、「お発ち（た）、お発ち」と声を上げると、神々は出雲大社を去っていきます。出雲大社では旧暦10月26日にもう一度、神等去出祭が行われます。こちらは神々が帰ったことを祭神である大国主神（おおくにぬしのかみ）に報告するもので、本殿前で神官が1人で執り行う小規模なものです。こうして出雲大

神迎神事の様子　旧暦の10月10日に稲佐の浜で行われる。神々は依り代（よりしろ）として設けられた神籬（ひもろぎ）に迎えられる。（出雲大社提供）

社の神在祭は終わります。

出雲の各神社で行われる それぞれの神在祭

神在祭は出雲大社だけで行なわれるわけではありません。旧暦10月1日、つまり神在月になるとすぐに、朝山神社で神在祭が行われます。神々は、最初に朝山神社を訪れ、旧暦10月10日になると、稲佐の浜へ向かうといわれます。

出雲大社で神在祭が行われるのと同じ日に、熊野大社や、日御碕神社などでも神在祭が行われます。また、出雲大社の神在祭が終わったのち、佐太神社でも神在祭が営まれます。佐太神社へ集まった神々の一部は売豆紀神社にも立ち寄ると伝わります。

万九千神社では、旧暦の10月17日から26日まで神在祭が執り行われます。最終日である旧暦10月26日、神々はこの神社で直会（宴会）をして次の年の再会を願い、翌朝に自分たちの国へと帰って行くという信仰です。

熊野大社●JR山陰本線「松江」駅より一畑バス・コミュニティバス乗り継ぎで約45分／松江市八雲町熊野2451

佐太神社●JR山陰本線「松江」駅より一畑バスで約25分／松江市鹿島町佐陀宮内73

万九千神社●一畑電車「大津町」駅より／出雲市斐川町併川258

このように出雲大社をはじめ、佐太神社や熊野大社などの神社で、それぞれ神在祭が執り行われます。

江戸時代の社寺巡礼流行で 松江藩の経済にも影響

そもそも、なぜ神々が出雲に集まるといわれるようになったのか、時代や神社によってさまざまな伝承があります。一般的に世間でいわれる諸説を３つ紹介します。

１つは出雲大社の祭神が10月を支配しているから、というものです。中世からある考え方で、この頃は出雲大社の主祭神は素戔嗚尊とされており、天照大神が素戔嗚尊に10月をゆずったため、出雲大社が10月を支配すると考えられたのです。天照大神が素戔嗚尊に10月をゆずったという記述は、『古今和歌集序聞書三流抄』に見られます。

2つめは、大国主神が幽事（目に見えないこと）を治めているからというものです。国ゆずり神話で大国主神は、それまで治めていた国を皇孫にゆずり、幽事を治めることになりました。そのため神々は指示を得るために、出雲に集うようになったと説明されます。

3つめは、伊弉冉尊が埋葬されてまつられた神社へ参るためというものです。伊弉冉尊はいうなれば神々の母なので、その親孝行のために集うという考えです。神在祭の行われる佐太神社には伊弉冉尊の墓がまつられています。

いずれにしろ、神々が10月に出雲に集まるという伝承は、月の名前として定着するほど広く信じられています。信仰自体は平安時代頃からあったものですが、日本中に広まったのは、出雲の御師（神徳を全国に伝える神職）の活躍によるものだったと考えれています。とくに江戸時代後期に庶民の間で社寺巡礼が流行してから活動は盛んになり、それが契機となって出雲は社寺巡礼の主要な目的地の1つとなりました。

「出雲国大社八百万神達縁結給図」（『大日本歴史錦絵』収録）　三代豊国画。出雲に集まった神々の様子を描いた錦絵。（国立国会図書館蔵）

松江の城下町は出雲への通り道となっていて、経済や商売にも影響を与えました。たとえば松江の商人だった渡部彝は出雲国の神社をまとめた『出雲神社巡拝記』を刊行しています。距離こそ離れていますが、松江の城下町にとって出雲にまつわる信仰は大きな意味をもっていたといえます。

Part 3 雲州松江の文化探訪

ライトアップされた松江城と宍道湖大橋

雲州松江の食文化

季節を告げる宍道湖の魚介料理

松江城の天守最上階から見える宍道湖は、大橋川をへて中海とつながる汽水湖で、多種多様な魚介類が生息しています。なかでも「**宍道湖七珍**」と称される、**スズキ**、**モロゲエビ（ヨシエビ）**、**ウナギ**、**アマサギ（ワカサギ）**、**シラウオ**、**コイ**、**シジミ**の料理が有名です。

ヤマトシジミ

その中でも、とりわけ松江の人々に愛されてきたのがシジミ料理です。松江の**ヤマトシジミ**は粒が大きく、肉厚な食感で有名です。7月前後の身が肥えた「土用シジミ」は、夏やせ予防の滋養食として食べられてきました。松江城下町の遺跡からもヤマトシジミの貝殻が多く出土しており、松江城下の食卓にも日常的に登場する食材でした。

スズキの奉書焼き　冬の宍道湖には産卵場所を求めて「太腹スズキ」が海からやってくる。

冬の宍道湖のスズキも、また格別です。スズキを奉書（厚手の和紙）で包み、熱灰で焼いたものが**スズキの奉書焼き**です。この料理の起源には、松平松江藩7代・松平治郷（不昧）にまつわるものがあります。その昔、漁師がスズキを焚き火の灰に埋めて蒸し焼きにして食べていたものを治郷に献上することになり、見た目をよくするために奉書に包んで焼いた、という伝承が残っています。

伝統的に食されてきた魚介料理は七珍以外にもあります。たとえば、貝殻ごと甘辛く煮つける**赤貝（サルボウ貝）の煮物**は、中海周辺特有の調理法で、この地域の郷土料理といえるでしょう。冬の味覚として、大晦日や正月に食べる習慣は今でも残っています。

ソバ皮の風味を楽しむ「出雲蕎麦」

出雲地方の名物・**出雲蕎麦**は、ソバの実を外皮ごと石臼でひくため、見た目は黒っぽい色で、外皮独特の風味が味わえます。寛永15年（１６３８）に松平松江藩初代・松平直政が信濃国松本（現在の長野県松本市）より転封のおりに、蕎麦切の技術が出雲地方に伝わったといわれていますが、伝承にとどまっています。ただ佐草自清『江戸参府之節日記』には、岡田半右衛門という松江藩寺社奉行が、出雲大社の神職を自邸でもてなした際に蕎麦切を出したという記述があり、これが最も古い出雲蕎麦の記録とされています。

治郷(不昧)も蕎麦好きだったらしく、茶事で蕎麦湯や蕎麦皮まんじゅうを出した記録が残っています。

また江戸の古典落語に「蕎麦の殿様」という演目があります。蕎麦打ちに目覚めた殿様が連日のように下

出雲蕎麦　出雲蕎麦には「割子」と「釜揚げ」がある。

手な蕎麦を家臣たちに供して苦しめる話で、上様の蕎麦を食べるぐらいなら切腹を、と訴える家臣に怒った殿様が、ならば（蕎麦だけに）手打ちにいたす、という落ちがつくというもの。この殿様のモデルが治郷（不昧）だといわれています。

内にきらめく不昧好みの和菓子

京都や金沢と並ぶ「菓子どころ」である松江には、来客があったおりや日常的なおやつの時間に、季節にふさわしい和菓子を食すという文化が根づいています。この松江の和菓子文化の源流となっているのが治郷（不昧）です。大名茶人として名を馳せた治郷は、多くの銘菓を育て、その茶会記には66種もの和菓子の記録が残されています。

晩年に執筆した『茶礎』において、「茶の湯は稲葉に置ける朝露のごとく、枯野に咲けるなでしこのようにありたく候」と記述しており、つまり「外は地味でも内にきらめくもの、これぞわび茶の神髄」と述べています。そして堅苦しい形式にとらわれず、自然体の茶の湯を目指しました。不昧好みの和菓子も、こうした理念が生かされていたことでしょう。

姫小袖　（一力堂提供）

一力堂　京店本店　（一力堂提供）●松江市バス「京橋」または「大橋北詰」バス停より／松江市末次本町53

その後、幕藩体制の終焉とともに不昧好みの和菓子は姿を消していましたが、明治時代後半頃から復刻される機運となりました。最も再現性が高いのが、紅白に染め分けた和三盆糖に、皮むき餡を入れて打ち固めた打菓子「**姫小袖**」です。江戸時代は藩の要請がない限りつくることができなかった「お留め菓子」とされており、当時は「**沖の月**」と呼ばれていました。松江の老舗の和菓子店「一力堂」に残っていた菓子の木型が発見されたことにより、復元されました。

「**山川**」も不昧による命名で、紅葉を模した赤い落雁と、水を表した白い落雁を一口大にちぎり、重ねて供されていたようです。いずれも厳選された素材でつくられており、ほろりとくずれるような食感が食す人の心をほころばせてくれる銘菓です。

冬の味覚「津田かぶ漬け」

城下町松江は交通が発達していたことから、宍道湖や海の幸に加え、山菜や野菜も豊富でした。なかでも松江の人々に好んで食べられてきたのが**津田かぶ漬け**です。津田かぶとは、松江市東部の津田地区一帯で昔から栽培される勾玉のように曲がった形をした赤カブのこと。その歴史は古く、18世紀初頭の文書には、津田大根がとてもよい野菜だという記録があり、同種のカブも古くから栽培されていたかもしれません。その後、江戸時代の参勤交代によって近江（現在の滋賀県）で栽培されている日野菜カブがもち込まれ、津田かぶ漬けに発展したと考えられます。

独特の香りとあっさりとした味わいがある津田かぶ漬けは、11月下旬から1月頃に店頭に並びます。現在も松江の人々に好んで食べられており、土産や贈答品としても人気の逸品です。

津田かぶ漬け

雲州松江の芸能・芸術

不昧公が育んだ茶道美術

松平松江藩7代・松平治郷（不昧）の茶の湯は、各種の**茶道美術**を育みました。松江城下では藩窯が営まれ、漆工や**指物**などの職人が育成され、総合芸術ともいうべき文化遺産を残しています。

不昧好みの指物を多く制作した小林如泥は、松江城築城の際、月山富田城下より随行してきた大工たちの屋敷があった大工町に生まれています。指物とは、釘などの接合道具を使わず、美しい木目を生かし、木と木を組み合わせてつくる家具や調度品などの総称です。

松平家の菩提寺である月照寺には、小林如泥が関わったと伝わる廟門が残っています。上部の木鼻には治郷の好物だったというブドウの透かし彫りが施されており、治郷好みを反映した建築といわれています。ただし、如泥は治郷より5年早く他界しており、治郷が生前から廟門建設を命じていたという説もありますが、その真偽はわかっていません。

現在、治郷の時代に松江藩の御用窯だった窯元で残っているのは、**出雲焼楽山窯**と**布志名焼雲善窯**です。

出雲における焼き物の技術は、松平松江藩3代・松平綱近の代に、楽山焼の祖・倉崎権兵衛を長門国の萩（現在の山口県萩市）から呼び寄せたことに始まります。治郷の時代は楽山焼中興の祖となる

出雲焼楽山窯の刷毛目茶垸　多くの茶道愛好家に愛される最も伝統的な作品。（出雲焼楽山窯提供）

長岡貞政を登用し、工芸の分野でも自らの好みに沿った名品をつくらせました。治郷は雲善窯にはまとまった量の陶器を発注し、楽山窯には自分の好みを追求する異なった役割を担わせていたと考えられています。

布志名焼雲善窯　現在の布志名焼雲善窯でつくられている器。（布志名焼雲善窯提供）

明治維新後は藩窯がなくなり、すたれた時代もありました。しかし、雲善窯は昭和初期の民芸運動と結びついてイギリスのスリップウェアの技術を取り入れ、楽山窯は模索期をへて茶陶を踏襲し、いずれも松江を代表する窯元として現代に引き継がれています。

晩年の治郷は、茶道具を初めて学問的に取り上げて分類した『古今名物類聚』全18冊を刊行し、茶道具の名品を記録し、後世に伝えました。明治時代になると伝統文化の軽視から日本の文化財の多くが海外に流出していくことになりましたが、治郷の保護活動があったからこそ名品が今に伝えられることになったのです。

松江藩の威信を示した相撲

江戸時代、**相撲**は庶民から武士階級にいたるまでを熱狂させた代表的な武道でした。出雲地方は相撲発祥の地とされ、『古事記』の国ゆずり神話に登場する建御名方神と建御雷神が、出雲大社近くの稲佐の浜で力比べをしたことがその起源といわれています。

松平松江藩は、代々優秀な力士を召し抱えていました。そして力士を藩船に乗る水主として召し抱え、現役引退後も松江藩の扶助を受ける力士もいました。

治郷の時代になると、相撲の盛り上がりは最高潮に達します。享和元年（１８０１）の番付では大関・雷電為右衛門をはじめ、上位6名を松江藩の力士が独占しており、松江藩力士がいなければ興行が成立しないほどでした。お抱え力士は、藩の力を誇示するいわば広告塔の役割も背負いました。これらの力士は雲州力士として江戸などの勧進相撲で活躍するとともに、地元では、出雲大社などで土俵入りや御国相撲を行っています。

力士がどの藩のお抱えであるのか、それを端的に示すのが化粧まわしでした。松江市の船神事ホーランエンヤの船先で踊る剣櫂は、歌舞伎風着物に化粧まわしの衣装を身にまとっています。

松江の魅力を世界に発信した小泉八雲

昭和26年（１９５１）、松江市は住民投票を経て、国際文化観光都市となりました。この由縁となったのが、**ラフカディオ・ハーン**（**小泉八雲**）です。

小泉八雲は１８５０年にギリシアで生まれ、アイルランドで育ち、アメリカに渡って新聞記者となり、ジャーナリストとして広く認められるようになりました。来日したのは明治23年（１８９０）、八雲が39歳の時

『小松山富吉錦絵』 松平松江藩9代・松平斉貴お抱え力士である、小松山富吉が描かれた錦絵。まわしの文様は「瓢箪つなぎ」といい、松平治郷が好んだ瓢箪を使用したもので、松江藩お抱え力士であるこを示している。（個人蔵、松江歴史館提供）

松江城と城下町を舞台とした小説作品紹介

・中村彰彦
『戦国はるかなれど――堀尾吉晴の生涯』
（光文社時代小説文庫）
松江開府の祖、堀尾吉晴を描いた歴史小説。豊臣秀吉と織田信長に知られる存在となり、鳥取城、備中高松城などの戦いで交渉人としても活躍した吉晴は、激動の時代を生きぬき、宍道湖のほとりに松江城を築く。

でした。
『古事記』を通して出雲神話を知っていたハーンは、島根県尋常中学校の英語教師として松江に赴任し、翌年、身の回りの世話をしていた小泉セツと結ばれます。塩見縄手（しおみなわて）の旧武家屋敷で暮らし、堀端から城山稲荷（じょうざんいなり）神社や松江城辺りを散歩するのが日課だったそうです。しかし松江の冬の寒さがこたえたようで、1年3か月の滞在でした。その後、熊本、神戸、最後は東京に移り住みます。

山陰地方の伝説や幽霊話に独自の解釈を加えて文学作品へと変えた『怪談』をはじめ、八雲の日本に関する著書は十数冊あります。なかでも明治27年（1894）に出版された『知られぬ日本の面影』は、日本文化を広く世界に紹介することとなりました。松江や出雲地方の風土や文化、風習に強い印象を受け、その神秘性に衝撃を受けた八雲は、松江を去ったあとも美しく思い描いて、自身の作品に書きとめました。また八雲の作品は、明治から昭和期に活躍した小説家の志賀直哉に影響を与え、彼もまた松江の城下町住まいを短編小説にしています。

・小泉八雲

『神々の国の首都』（講談社学術文庫）

小泉八雲が来日後初めて出版した作品集『知られぬ日本の面影』に収録された短編。夜明けを迎える宍道湖、かしわ手を打って祈る人々、橋を渡る下駄の音など、明治20年代の松江城下の様子がよみがえる。

・志賀直哉

『濠端の住まい』（『小僧の神様・城の崎にて』新潮文庫ほかに収載）

大正3年（1914）、志賀直哉は独身時代最後の夏を松江城の濠端（ほりばた）（松江市内中原町亀田橋のたもと）にある貸家で過ごしていた。そこに息づく親を亡くした雛鳥や野良猫などの小動物と、作家自身の人生観を描いた短編。

・開高健

『新しい天体』（新潮文庫・光文社文庫）

官庁の余った予算を使い切るために生み出された「相対的景気調査官」の主人公が、日本全国のあらゆる美味・珍味を食べ尽くし、人がもつ食への限りない執着を浮かび上がらせる異色の食紀行小説。その土地の1つに松江を選び、宍道湖のシラウオをはじめスズキ、赤貝、津田かぶ漬けなどの名物がふんだんに紹介されている。

雲州松江を知るためのミュージアム案内

松江城の歴史を深掘り

松江城の東側、堀川沿いにある家老屋敷風外観の建物が、**松江歴史館**です。敷地内には松江藩家老の長屋を解体修理して復原した「松江藩家老朝日家長屋」や、千利休が関わったとの言い伝えが残されている茶室を再建した松江藩家老大橋家伝来の「伝利休茶室」もあります。

基本展示室では、松江藩政や産業など、近世を中心とした城下町松江の歴史・文化を紹介しています。松江城天守の祈禱札や雛形（ひながた）、松江藩に関わる古文書や美術工芸品などを展示しています。また、館内常設の茶屋では、季節の上生菓子や抹茶などが味わえます。

松江歴史館　天守を借景にした日本庭園も見応えがある。

松江歴史館
・松江市殿町279
・ぐるっと松江レイクライン「大手前堀川遊覧船乗場・歴史館前」バス停より

松江藩中級武士の暮らしを知る

松江城の北側にある塩見縄手は、松江市の伝統美観地区に指定されています。「縄手」とは縄のように一筋に延びた道のこと、「塩見」とは異例の栄進をした松江藩中老・塩見小兵衛の屋敷が、かつてこの通りにあったことから名づけられました。

その塩見小兵衛も住んだ屋敷を、江戸時代の中級武士の暮らしを知るための博物館としたのが**武家屋敷**です。館内は庭園、座敷、当主居間、茶室などがあり、武士の暮らしぶりをうかがえる調度品が展示されています。敷地内の奥には松江祭鼕行列（155ページ）で使用される鼕の展示もあり、江戸の暮らしや文化を学ぶことができます。

武家屋敷　江戸時代初期、中級武士が住んでいた屋敷。

武家屋敷

・松江市北堀町塩見縄手305

・ぐるっと松江レイクライン「小泉八雲記念館前」バス停より

10年に一度の祭りを見学

「ホーランエンヤ」とは、松江市で行われる城山稲荷神社の式年神幸祭の通称です。大阪の天神祭、広島の厳島神社の管絃祭と並ぶ日本三大船神事の1つとされ、10年に一度、9日間に及ぶ祭りが行われます。

その起源は、慶安元年（1648）に遡ります。大凶

松江ホーランエンヤ伝承館　ホーランエンヤの起源と歴史や、五大地（5地区の保存会）ごとの櫂伝馬船、櫂伝馬踊り、衣装の展示がある。（松江歴史館提供）

作の危機に見舞われ、これに心を痛めた松平松江藩初代の松平直政が、城内にまつられた城山稲荷神社の御神霊を阿太加夜神社（現在の松江市東出雲町出雲郷）へ船で運び、五穀豊穣を祈願させたことがはじまりとされています。

　松江歴史館の隣にある**松江ホーランエンヤ伝承館**では、その起源や歴史をはじめ、五大地（馬潟、矢田、大井、福富、大海崎の5地区の保存会）ごとの櫂伝馬踊りや衣装などの特徴の違いについて紹介しています。シアタールームでは、100隻以上の船による大船行列の様子などを映像で見ることができます。

松江ホーランエンヤ伝承館

・松江市殿町250

・ぐるっと松江レイクライン「大手前堀川遊覧船乗場・歴史館前」バス停より

茶どころ松江らしい美術館

古い武家屋敷の残る塩見縄手の一角にあるのが**田部美術館**です。創設者である田部長右衛門朋之は、広大な山林を有し、その材木燃料によってたたら製鉄を生業としてきた、560年ほど続く田部家の23代の当主でした。この由緒ある田部家に伝わる調度品の中から、治郷（不昧）ゆかりの茶道具をはじめ、書画・陶磁・漆器などを中心に、彫刻・洋画を加えた貴重な

田部美術館　館内には抹茶がたしなむことができるコーナー（立札席）もある。

美術品が展示されています。

1階には、楽山焼、布志名焼等が展示されており、2階は季節ごとのテーマに沿った茶道具の展示などが行われています。茶どころである松江らしい美術館です。

田部美術館
- 松江市北堀町310−5
- ぐるっと松江レイクライン「小泉八雲記念館前」バス停より

小泉八雲の時代を感じる

塩見縄手の西端、「小泉八雲旧居」に隣接した建物が、**小泉八雲記念館**です。著作の初版本や直筆原稿、書簡、八雲が愛用していた遺品など、貴重な収蔵品を展示しており、100年以上たった今でも、八雲の生きていた時代を身近に感じることができます。

展示室1では八雲がなぜ日本にやって来たのか、松江の地でどのような生活を送ったのか、八雲の生涯や功績をパネルや写真などでわかりやすく紹介しています。展示室2ではさまざまな切り口から八雲に迫ります。「再話」コーナーでは、小泉八雲が再話した山陰地方の5つの怪談を、松江出身の俳優である佐野史郎氏の朗読と、同じく松江出身のミュージシャンである山本恭司氏の音楽で聴くことができます。

小泉八雲記念館　2016年にリニューアルオープンした。写真は展示室1の様子。（小泉八雲記念館提供）

小泉八雲記念館
- 松江市奥谷町322
- ぐるっと松江レイクライン「小泉八雲記念館前」バス停より

雲州松江の祭礼・行事

新春の祭礼・行事と見どころ

松江市の沿岸部や中海周辺には、正月に歳徳神（歳神様）を祭る行事として、神輿を担いで地域内を囃し練り歩く「宮練り」や「とんど焼き」の風習が今もなお継承されています。これを総称して「左義長」とも呼びます。本庄地区の**左義長しゃぎり**もその１つで、その起源は江戸時代初期と推定されています。１月５日神輿遷座祭（左義長とんど当日）には、「しゃぎり囃し」に合わせて練り歩きます。

そのほかの祭礼・行事

初日の出鑑賞▼１／１（松江城本丸）

春の祭礼・行事と見どころ

４月上旬、松江城周辺で行われる**松江武者行列**は、松江開府の祖・堀尾吉晴と忠氏、忠晴の三代と、堀尾衆一行が松江城に入城する様子を再現した絢爛豪華な時代絵巻です。勇壮な武者やお姫様などに扮した市民が参加し、桜の咲く松江市内を練り歩きます。

そのほかの祭礼・行事

松江椿まつり▼3月中旬～下旬（城山公園）、松江市大根

松江武者行列（松江観光協会提供）

島ぼたん祭▼4月下旬～5月上旬（八束町内）

夏の祭礼・行事と見どころ

宍道湖の湖面に映える色とりどりの花火は、江戸時代からの娯楽でした。松江藩の藩主も国元に帰った際は、大店（おおだな）の座敷から宍道湖で打ち上げられる花火を見物していたそうです。8月第1週末頃、宍道湖周辺で見物できる**松江水郷祭（すいごうさい）湖上花火大会**は、昭和4年（1929）に始まり、今では松江の夏の風物詩です。

そのほかの祭礼・行事

玉造（たまつくり）温泉夏祭り▼7月下旬～8月下旬（玉造温泉街）、白潟天満宮夏季例大祭（天神さん夏祭り）▼7/24～25（白潟天満宮）、とうろう流し▼8/16（大橋川）

秋の祭礼・行事と見どころ

出雲地方では太鼓のことを「鼕（どう）」と呼びます。10月第3日曜日に松江市内で行われる**松江祭鼕行列（どうぎょうれつ）**は、大きな鼕を据えた鼕宮（神輿）を打ち鳴らしながら引き回り、市中に勇壮な鼕の音を響かせます。新年の歳徳神をお祭りする「左義長」のお囃子で鼕を打ち鳴らしていたのが由来とされています。

松江祭鼕行列

そのほかの祭礼・行事

松江水燈路▼9月～10月（松江城周辺）、松江城大茶会▼10月上旬（松江城周辺）、松江菊花展▼10月下旬～11月上旬（城山公園馬溜）、神在祭▼11月（旧暦10月、詳細は136ページ）

索引

参考文献

『山陰文化シリーズ9　雲藩武道史』福田明正著、今井書店、１９６５年
『松江の民俗芸能』石村春荘・島田成矩編著、松江市郷土芸能文化保護育成協議会、１９７６年
『松江のホーランエンヤ』松江市教育委員会社会教育課、１９９１年
『日本の食生活全集32　聞き書　島根の食事』農山漁村文化協会、１９９１年
『松江食べ物語　出雲の食文化　春・夏　秋・冬』荒木英之著、山陰中央新報社、１９９４年
『松江開府４００年　松江藩の時代　正・続』乾隆明編著、山陰中央新報社、２００８・２０１０年
『松江市ふるさと文庫8　京極忠高の出雲国・松江』西島太郎著、松江市教育委員会、２０１０年
『松江市ふるさと文庫9　松江城下に生きる――新屋太助の日記を読み解く』松原祥子著、松江市教育委員会、２０１０年
『親子で学ぶ　松江城と城下町』宍道正年著、山陰中央新報社、２０１２年
『松江藩士の江戸時代』松江歴史館、２０１２年
『松江市ふるさと文庫5　城下町松江の誕生と町のしくみ（第2刷）』松尾寿著、松江市教育委員会、２０１２年
『松江市史　史料編11　絵図・地図』松江市、２０１４年
『松江市ふるさと文庫16　松江城再発見――天守、城、そして城下町』松江市歴史まちづくり部まちづくり文化財課史料編纂室、２０１４年
『神々集う出雲の国　神在月』錦田剛志監修、山陰中央新報社、２０１５年
『国宝松江城　美しき天守』西尾克己監修、山陰中央新報社、２０１５年
『松平不昧　茶の湯と美術――美の遺産』松江歴史館編、山陰中央新報社、２０１６年
『雲州松江の歴史をひもとく――松江歴史館展示ガイド　改訂版』松江歴史館編、ハーベスト出版、２０１６年
『松江市ふるさと文庫19　石垣と瓦から読み解く松江城』乗岡実著、松江市歴史まちづくり部史料編纂課、２０１７年
『松江市史　別編1　松江城』松江市、２０１８年
『今に生きる不昧――没後２００年記念』山陰中央新報社、２０１８年
『松江城ブックレット1　松江城を掘る――発掘調査半世紀の成果』岡崎雄二郎著、松江市歴史まちづくり部史料編纂課、２０１９年
『親子で学ぶ　松江城と富田城の時代』宍道正年著、山陰中央新報社、２０１９年
『松江市史　通史編3　近世Ⅰ』松江市、２０１９年
『松江市史　通史編4　近世Ⅱ』松江市、２０２０年
『松江・城下町ものがたり』西島太郎著、戎光祥出版、２０２０年
『山陰名城叢書2　松江城』中井均編著、ハーベスト出版、２０２０年
『松江城ブックレット2　松江城天守再考』和田嘉宥著、松江市歴史まちづくり部史料調査課松江城調査研究室、２０２０年
『松江藩の忍者――松江忍者のルーツを探る』松江観光協会、２０２１年
『親子で学ぶ　堀川遊覧船と国宝松江城』宍道正年著、山陰中央新報社、２０２２年
『論集松江城Ⅰ』松江市文化スポーツ部松江城・史料調査課編、松江市、２０２３年

インタビュー撮影　大関 敦
編集協力・図版作成・撮影　クリエイティブ・スイート
執筆協力　倉田 楽、真代屋秀晃・石津智章（TEAMマシロヤ）、
西田めい、冨永恭章（クリエイティブ・スイート）
装丁　伊藤礼二（T-Borne）
大槻亜衣（クリエイティブ・スイート）

図説 日本の城と城下町⑧
松江城

二〇二三年一〇月二〇日　第一版第一刷発行

監修者　西島太郎
発行者　矢部敬一
発行所　株式会社　創元社
〈本　社〉〒五四一-〇〇四七　大阪市中央区淡路町四-三-六
電話（〇六）六二三一-九〇一〇㈹
〈東京支店〉〒一〇一-〇〇五一　東京都千代田区神田神保町一-二
田辺ビル
電話（〇三）六八一一-〇六六二㈹
〈ホームページ〉https://www.sogensha.co.jp/

印刷　図書印刷

ISBN978-4-422-20178-8 C0320